农业经济的发展与管理研究

高博文 ◎ 著

吉林出版集团股份有限公司
全国百佳图书出版单位

图书在版编目（CIP）数据

农业经济的发展与管理研究 / 高博文著. -- 长
春 : 吉林出版集团股份有限公司，2023.5
ISBN 978-7-5731-3403-5

Ⅰ. ①农… Ⅱ. ①高… Ⅲ. ①农业经济发展－研究
－中国②农业经济管理－研究－中国 Ⅳ. ①F32

中国国家版本馆CIP数据核字 (2023) 第094273号

NONGYE JINGJI DE FAZHAN YU GUANLI YANJIU
农业经济的发展与管理研究

著 者	高博文	
责任编辑	张婷婷	
装帧设计	朱秋丽	
出 版	吉林出版集团股份有限公司	
发 行	吉林出版集团青少年书刊发行有限公司	
地 址	吉林省长春市福祉大路 5788 号（130118）	
电 话	0431-81629808	
印 刷	北京昌联印刷有限公司	
版 次	2023 年 5 月第 1 版	
印 次	2023 年 5 月第 1 次印刷	
开 本	787 mm×1092 mm 1/16	
印 张	7.5	
字 数	200 千字	
书 号	ISBN 978-7-5731-3403-5	
定 价	76.00元	

前　言

农业经济的发展对国民经济的发展举足轻重，农村的稳定和繁荣则为经济的持续健康发展提供强有力的保障。为适应当前消费者对农业经济的需求，要高度重视农业经济管理，提高农产品质量，这也是农业发展的重要趋势。从目前农业经济管理的现状来看，仅仅满足于现状是不够的，还需要走创新之路，推进农业经济不断发展。

本书立足于农业经济的发展与管理。一是介绍了农业产业的发展及其发展现状；二是分析了农业经济发展；三是探讨了新型农业经营体系的构建；四是重点讲述了新时代背景下的中国农业与农村经济亟待改革以及深化改革，构建新时代中国特色社会主义农业与农村经济体系；五是在农业企业融资方面做出分析和研究，以便为该学科持续发展与革新提供参考。

本书在撰写过程中参考了国内外大量的相关研究文献和教研材料，谨此向这些文献和教研材料的编者表示深深的谢意。同时，对于笔者在编写过程中存在的错误和缺点，还请同行专家和读者批评指正。

目　录

第一章　农业产业发展 ·· 1

　第一节　现代农业产业发展概述 ·· 1

　第二节　我国农业产业化的发展现状 ······································ 6

第二章　农业经济发展 ·· 11

　第一节　土地资源的保护 ··· 11

　第二节　农业资源的可持续利用 ·· 14

　第三节　发展农业循环经济 ·· 18

　第四节　农业的产业化经营 ·· 24

第三章　积极构建新型农业经营体系 ··· 32

　第一节　新型农业经营体系内涵 ·· 32

　第二节　新型农业经营主体 ·· 34

　第三节　推进新型农业经营主体建设 ······································ 44

第四章　农村金融 ··· 46

　第一节　新农村建设与农村金融 ·· 46

　第二节　农村金融与农村资金运动 ··· 51

　第三节　农村政策性金融机构 ··· 56

　第四节　新型农村金融机构 ·· 60

第五章　农业企业融资 ·· 62

　第一节　农业企业的融资现状 ··· 62

　第二节　农业企业的融资环境 ··· 67

　第三节　农业企业的融资渠道 ··· 70

　第四节　农业企业风险管理与控制 ··· 76

第六章 乡村生态化旅游与农村经济发展的关系 ························· 81

　第一节 我国乡村生态化旅游与农村经济发展现状 ················· 81

　第二节 乡村生态化旅游与农村经济发展之间的关系 ············· 86

　第三节 乡村生态化旅游对农村经济发展的影响 ················· 91

　第四节 农村经济发展对乡村生态化旅游的影响 ················· 96

第七章 乡村生态化旅游对农村经济的对策与保障措施 ············· 102

　第一节 乡村生态化旅游对农村经济的对策 ····················· 102

　第二节 乡村生态化旅游对农村经济的保障措施 ················· 107

参考文献 ·· 113

第一章　农业产业发展

农业是人类经济发展历史当中最古老的物质生产部门，农业是人类的衣食之源、生存之本，发展农业生产是人类永恒的社会实践活动。农业是指国民经济中的一个重要产业。广义的农业是指包括种植业、林业、畜牧业、渔业、副业五种产业形式；狭义农业是指种植业，包括生产粮食作物、经济作物、饲料作物和绿肥等农作物的生产活动。笔者所说的农业，是广义的农业。与国民经济中的非农部门单一经济再生产过程相比，农业生产是自然再生产和经济再生产的有机统一。马克思曾指出："经济的再生产过程，不管它特殊的性质如何，在这个部门（农业）内，总是同一个自然的再生产过程交织在一起。"现代社会是市场经济社会，农业的商品化、市场化属性十分突出，这意味着市场经济条件下的农业再生产不仅面临着自然风险，而且面临着市场风险，其中自然风险对农业产生的负面影响巨大。世界各国都十分重视现代农业发展，发达国家在农业优势明显、竞争力强大的背景下，仍旧给予农业高额补贴；发展中国家在工业化进程中，积极探索和实践符合本国国情的农业现代化道路，其共同目标在于使农业成为国民经济当中具有较强竞争力的现代产业和国际市场上具有强大竞争力的优势农业。

第一节　现代农业产业发展概述

一、产业发展理论

（一）产业的概念

产业是社会分工现象，属于中观经济的范畴。它是企业的集合，但是由于产业的内容十分复杂，因此对产业含义进一步给以质和量的规定是有必要的。

首先，产业是历史范畴，是伴随生产力和社会分工的深化而产生和不断扩展的。从社会分工来说，它是一般分工和特殊分工的现象，特殊分工是在一般分工的基础上发生的。

其次，在社会生产力发展的不同阶段，由于社会分工的主导形式转换和不断地向深层发展，以致形成了多层次的产业范畴。

最后，产业作为一个经济单位，并不是孤立存在的。产业和产业之间存在着极其复杂的直接和间接的经济联系，形成自变与因变之间的函数运动，使全部产业成为一个有机的系统。一个产业的存在，会成为其他产业出现和发展的条件，一个产业内部结构的变化会直接或间接引起其他产业的变化。

（二）产业结构理论

1. 结构的概念

"结构"一词的含义是指某个整体的各个组成部分的搭配和排列状态。它较早地被应用于自然科学中。在经济领域，产业结构这个概念始于20世纪40年代。

所谓产业结构指在社会再生产过程中，一个国家或地区的产业组成即资源在产业间的配置状态，产业发展水平即各产业所占的比重，以及产业间的技术经济联系即产业间相互依存、相互作用的方式。产业结构可以从两个角度来讨论：

一是从"质"的角度，动态地揭示产业间技术经济联系与联系方式不断发生变化的趋势，并且揭示经济发展过程的国民经济各部门中起主导或支柱地位的产业部门的不断替代的规律及其相应的"结构"效益，从而形成狭义的产业结构理论。

二是从"量"的角度，静态地研究和分析一定时期内产业间联系与联系方式的技术经济数量的比例关系，即产业间"投入"与"产出"的量的比例关系，从而形成产业关联理论。

广义的产业结构理论包括狭义的产业结构理论和产业关联理论。

2. 产业结构理论

以产业间的比例关系为研究对象，形成了产业结构理论。产业结构理论以经济发展的动态眼光，探索产业结构演变的一般规律，并为国家或地区制定经济发展战略提供依据。它主要研究产业结构的演变规律、产业结构的优化和调控机制、主导产业的选择、产业的区域分布和空间结构等内容，以实证分析为基础总结产业发展的规律是这一理论在方法论上的特色。产业结构理论是产业经济学的"准宏观部分"。

（三）产业关联理论

产业关联理论又称为产业联系理论或投入产出理论，侧重于研究产业之间的中间投入与中间产出之间的关系。产业关联理论能很好地反映各产业的中间投入和中间需求，这是产业关联理论区别于产业结构和产业组织的一个重要特征。产业关联理论还可以分析各相关产业的关联关系（包括前向关联和后向关联等）、产业的波及效果（包括产业感应度和影响力、生产的最终依赖度以及就业和资本需求量）等。

产业经济学是一门研究市场经济条件下产业发展的特殊矛盾关系及其运动规律的经济学科。这里"产业发展的特殊矛盾关系"简称"产业关系"，它是指构成国民经济的各产业间的关联关系和产业内企业间的关系。产业间关联关系的实质是产业间的投入产出关系，具体表现为直接关联和间接关联。直接关联是指产业间在生产和技术上存在的直接的投入产出关系，如"粮食种植业—食品加工业"；间接关联是指产业间通过其他产业存在的间接的投入产出关系，如"钢铁工业—（农机工业）—农业"。产业间的全部关联总体上就表现为产业间在资源分配和产出上的比例关系。显然，如果产业间在生产技术上不存在直接和间接的投入产出关系，这种比例关系便失去了存在的依据和理论研究的价值。

对产业间存在的生产技术上直接和间接的投入产出关系的研究，形成了产业关联理论（也称为"产业联系理论""产业关联分析""投入产出经济学"）。产业关联理论与其说是一种理论，不如说是产业经济分析的定量化的工具。它利用投入产出表来揭示社会再生产过程中的各种比例关系及其特征，进而为制订经济计划和进行经济预测服务。投入产出表最大的长处是能够反映产业（或企业内部）的中间投入和中间需求，即中间产品的运动，这是微观经济学和宏观经济学所做不到的。产业关联理论可以说是产业经济学的"中观部分"。

（四）产业组织理论

以产业内企业间的关系为研究对象，形成了产业组织理论。产业内企业间的关系（产业组织）对产业的经济效益有着重要影响。首先，某一产业的组织状况，是否保障了该产业内的企业有足够的改善经营、提高技术水平、降低成本的竞争压力。其次，是否充分利用了规模经济，使该产业的产品单位成本处于最低水平。产业组织理论为产业组织趋向合理提出了方向和途径，它运用价格理论（特别是垄断价格理论）来研究产业的合理组织。因此，属于产业经济学的"准微观部分"。

二、现代农业经营方式选择的理论依据

（一）规模经济理论

规模经济理论是经济学的基本理论之一，也是现代企业理论研究的重要范畴。规模经济理论是指在一个特定的时期内，企业产品绝对量增加时，其单位成本下降，即扩大经营规模可以降低平均成本。它说明企业规模不能无节制地扩大，否则所形成的垄断组织将使市场失去"完全竞争"的活力。之后，英国经济学家琼·罗宾逊和美国经济学家爱德华·哈斯丁·张伯伦针对"马歇尔冲突"提出了垄断竞争的理论主张，使传统规模经济理论得到补充。

（二）比较优势理论

比较优势理论可以表述为：在两国间，劳动生产率的差距并不是在任何商品上都是相等的。处于绝对优势的国家应集中力量生产优势较大的商品，处于绝对劣势的国家应集中力量生产劣势较小的商品，然后通过国际贸易互相交换，彼此都节省了劳动，都得到了益处。比较优势理论的核心内容是"两利取重，两害取轻"。

一般而言，中国现阶段劳动力相对富余，资本相对短缺，应该发展劳动力相对密集型的产业，或是资本密集型产业中劳动力相对密集的区段。但是，劳动力密集型产业或者资本密集型产业中劳动力相对密集的区段可能成千上万，每个地方的资源不可能把符合这两个条件的所有产品都生产出来，这就必须进行选择。

（三）可持续农业理论

1. 农业可持续发展的提起

农业是国民经济的基础产业，任何国家和地区的经济和社会发展都有赖于农业发展而产生的"关联效应"。然而长期以来，人们总认为农业是大自然赋予人类永远取之不尽、用之不竭的天然财富。人类生存的需要，经济利益的驱动，使得人们只管对它索取而不去哺育。从20世纪下半叶以来，人类面临环境、资源、能源、人口和食物等的多重压力，生存和发展问题成为世界各国政府和人民最为关心、最为迫切需要解决的重大问题。面对现代农业发展中出现的种种问题和弊端，农业可持续发展的思路逐渐浮出水面，并为世人所关注。1985年，美国加利福尼亚州议会通过的《可持续农业研究教育法》在世界上首次提出"持续农业"这一新观点、新概念。1991年4月，联合国粮农组织在荷兰丹波斯召开了国际农业与环境问题大会，通过了《关于可持续农业和农村发展的丹波斯宣言和行动纲领》的倡议，提出了发展中国家"可持续农业和农村发展"，这对于世界各国可持续农业观念的形成与深入发展，乃至具体的实践都具有巨大的推动作用。1997年6月，联合国粮农组织在德国布伦瑞克专门召开了国际农业可持续会议，这是对全球可持续农业理论与实践的系统总结和发展。它不仅从理论上探讨了气

候变化对农业生态系统可持续性的影响，而且从实践的角度论述了可持续农业中的植物育种、基因工程和生物技术、生物学、生态学和有机农业系统在不同环境及投入情况下土地、水和作物资源的管理，以及植物与微生物的相互作用、生物多样性和自然资源的保护等。

2. 农业可持续发展的概念及其特征

关于农业可持续发展的含义，目前并没有统一的概念。国际组织对该概念的定义也不统一。国际农业磋商小组技术咨询委员会的定义为："可持续农业应该涉及在保护或加强环境的质量和保持自然资源的同时，成功地管理资源，以满足不断增长的人类需要。"发展中国家农业可持续发展委员会的定义为：可持续农业是在不破坏甚至提高农业所依赖的资源基础的同时，满足人类不断增长的需求的农业系统。联合国粮农组织的定义为："管理和保护自然资源基础，并调整技术和机构改革方向，以确保获得足够的农产品来持续满足当代和后代人的需要。"这种持续发展（包括农业、林业和渔业）能够保持土地、水资源和动植物基因资源，而且不会造成环境退化，同时要在技术上适宜、经济上可行，并且能够被社会接受。

以上各种观点之间既有差异又有共同之处，那就是农业可持续发展的内涵必须包括以下两个方面：①满足当代人及后代人的需求，以保障人类及其后代能在地球上永续生存与发展；②要保持资源与环境的永续利用。实际上，农业可持续发展是可持续发展要领在农业领域的体现。在此基础上，暂将农业可持续发展定义为：满足当代人的需求，又不对后代人满足其需求的能力构成危害的发展。它是指农业要因地制宜地选择农业经营方式和资源利用模式，科学合理地开发利用农业资源、保护生态环境，使农业具有长期持续性发展的能力，确保当代人及后代人对农产品的需求得到满足的农业发展思路和发展战略。它是一种技术上应用得当、资源利用节约、生产集约经营、生态环境保护，经济上能够生存下去和社会能够普遍接受的农业发展模式。

农业可持续发展与传统农业发展相比具有以下特征：

（1）各种因素的互联性

农业发展受人口、资源、环境的制约，人口与资源、环境，资源与环境又是密切相关、互相支持、互相制约的。因此，必须以整体的、全局的观点统筹考虑，协调解决各种当前和长远发展的矛盾，实现良性循环。

（2）人口规模的适度性

人既是生产者，又是消费者，作为生产者是重要的经济资源，作为消费者又给农业资源、环境带来巨大压力。因此，必须控制人口过快增长，保持人口规模适度，并努力提高人口素质、增加人力资本存量。

（3）发展的公平性

公平性是指对资源的平等使用和生产成果的平等分享或公平分配，要充分认识贫困人口的增加和贫困的加剧往往与资源的过度利用和生态环境的严重破坏密切相关。同时，农业可持续发展还要求当代人在考虑自己需要与消费的时候，也应对后代人的需要与消费负起历史责任，就是既要兼顾当代又要兼顾子孙后代，片面追求经济增长是不可取的。

（4）发展的高效性

农业可持续发展要求通过自然生态系统和人工生态系统的物质循环与能量流动的多层次综合利用以及经济上的系列深加工来实现产值增值，高效率地利用各种资源，特别是通过适宜性技术以提高产出与投入比例，要控制农业的生产成本，利于从物质投入上获得满意的收益。

三、现代农业与农业现代化

目前，随着新农村建设研究热潮的兴起，尤其是 2007 年中央 1 号文件提出"发展现代农业是社会主义新农村建设的首要任务"后，"现代农业"已成为学界的热门话题，而曾经热门的"农业现代化"却显得比较沉寂。在众多有关"现代农业"的研究中，我们越来越被一些问题所困惑："现代农业"是否是"农业现代化"一词在新时代的翻版？现代农业与农业现代化究竟有何区别与联系？研究内容是否各有侧重？……弄清这些问题，对于推进现代农业和农业现代化的建设及研究具有重要意义。

（一）现代农业

一般认为，今天意义上的现代农业始于第二次世界大战后（将 1840 年英国工业革命完成至第二次世界大战前这段时期的世界农业发展称为近代农业，此前的统称为传统农业或者古代农业），它是在近代农业的基础上发展起来的以现代科学技术为主要特征的农业，也是广泛运用现代市场理念、经营管理知识与工业装备和技术的市场化、集约化、专业化、社会化的产业体系，还是将生产、加工和销售相结合，产前、产后和产中相结合，生产、生活和生态相结合，农业、农村、农民发展，农村与城市、农业与工业发展统筹考虑，资源高效利用与生态环境保护高度一致的可持续发展的新型产业。

（二）农业现代化

农业现代化是指从传统农业向现代农业转化的过程和手段。在这个过程中，农业日益用现代工业、现代科学技术和现代经济管理方法武装起来，使农业生产力由落后的传统农业日益转化为当代世界先进水平的农业。完成了这个转化过程的农业就称为农业现代化的农业。农业现代化是一种过程，同时，农业现代化又是一种手段。

（三）现代农业与农业现代化的关系

1. 现代农业与农业现代化是目标与过程及手段的关系

从内涵来看，现代农业是传统农业质变后的新农业，而农业现代化是指改造传统农业、发展现代农业的过程及手段。这也就是说，农业现代化是一个从改造传统农业开始的、不断发展的、永无止境的过程，是一个不断改造传统农业、发展现代农业的各种手段的运用，而这一发展过程和手段的运用都是围绕着建设和发展"现代农业"这个目标进行的。所以，现代农业是农业现代化的目标，而农业现代化是实现和发展现代农业的过程及途径，二者是目标与过程及手段的关系。现代农业与农业现代化不应该是完全一致的同义词。

2. 农业现代化与现代农业是包含与被包含的关系

从时间外延来看，农业现代化的时限大大长于现代农业，农业现代化与现代农业是包含与被包含的关系，也就是说农业现代化包含现代农业。因为农业现代化泛指从传统农业开始向现代农业转变及转变后的农业发展时期，而现代农业指从传统农业向现代农业转变后的农业发展时期。从传统农业向现代农业转变的时期，我们可以称之为农业现代化时期，但不可以称之为现代农业时期，还可以称之为发展现代农业时期或实现现代农业时期。因为发展现代农业或实现现代农业是一个运动过程，而这个过程实质上就是农业现代化过程，但并不意味着已经实现了现代农业。

第二节　我国农业产业化的发展现状

一、"农业产业化"概念的提出

农业产业化是 1993 年山东省在总结农业和农村发展经验时，作为一种新的农业发展战略最早提出来的。进入 20 世纪 90 年代，山东实施按产业化组织农业生产的新思路，组织引导一家一户的分散经营，围绕主导产业和产品，实行区域化布局、专业化生产、一体化经营、社会化服务、企业化管理，组建市场牵龙头、龙头带基地、基地连农户，种养加、产供销、内外贸、农工商一体化的生产经营体系，并取得了显著成效。潍坊市于 1993 年初率先提出"确立主导产业，实行区域布局，依靠龙头带动，发展规模经营"的农业发展战略。同年 4 月，山东省农委组成专门调查组赴潍坊及其所辖县市进行深入细致的调查研究之后，向省委、省政府提交了《关于按产业化组织发展农业的初步设想与建议》的报告。

"农业产业化"的概念一经提出便引起上上下下、方方面面的广泛关注，近几年更是在全国掀起了农业产业化理论探索和实践的热潮，并引起中央领导的高度重视。

（一）农业产业化的基本内涵

众所周知，传统农业的一个基本特征是自给自足，农业所使用的简单工具及其他生产资料基本上依靠农业自身解决，农产品除少量进入市场同其他部门交换外，主要供农民自己消费。自产业革命以来，随着技术进步和社会分工的发展，农业产业的分化加速，与其他经济部门的分工越来越细，经济交往日益密切。特别是第二次世界大战以后，世界各国农业现代化的迅速发展使农业和农业关联产业以及它们之间的相互关系发生了根本性的变化。

首先，农业的生产方式发生了很大的变化。在很多发达国家，动力机械和电力逐渐取代人力和畜力成为主要动力，机引农具逐渐取代手工工具成为主要工具，化学肥料取代有机肥料成为主要肥源。同时，在农业生产的各个环节，原来属于传统农业的许多生产职能从农业中分离出来。于是围绕农业产业，在农业的产前、产中、产后便形成了一系列独立的、与农业存在密切联系的产业部门。从产业属性来看，它们有的分属于第二次、第三次产业，有的则仍属于第一次产业（农业），我们统称为"农业关联产业"（这种"关联"表现为生产技术上的投入产出关系）。例如，农业生产资料（包括农业机械、化肥、农药等）的生产已成为现代工业体系中重要的产业门类。又如，农机具的修理和保养、农田水利建设、土壤改良、良种繁育、配合饲料的生产以及农用生产资料的运输和销售都逐步实现了生产专业化。再如，随着农产品商品率的提高和人们消费观念的改变，各种农产品的运输、加工、储存、保鲜和销售业务都相继发展为庞大的独立的经济部门；农业科研、农业技术推广和服务部门也同农业分离，独立化为许多为农业生产服务的职能部门。

其次，从准宏观的产业结构层次来看，在农业产业分化的同时，农业与农业关联产业的经济联系越来越密切，相互依赖性越来越强。一方面，农业已从独立的生产部门变成了一个离开现代工业、服务业便不能独立存在的经济部门。现代农业所使用的各种生产资料，包括种子、化肥、农药和饲料等不是由工业提供的或不经工业加工的越来越少；工业、服务业提供的各种产品、技术和劳务越来越多地渗透到农业生产过程的各个阶段和各个环节。另一方面，农业关联产业部门对农业的依赖性也大大增强。农业既是农用生产资料生产部门的销售市场，又是农产品加工部门的原料供应者。在这种条件下，食品和以农产品为原料制成的其他消费品，已成为农业及其关联产业的共同产物；农业和农业关联产业之间，不仅在人力、资金、资源方面存在一般意义上的经济联系，还在生产技术上存在较为密切的投入产出关系。这客观上要求农业和农业关联产业必须在分工协作的基础上形成一定的比例关系协调发展。

最后，在农业与其关联产业之间的经济联系日益密切的同时，它们之间实现经济联系的准微观的组织形式也随之发生了变化。起初，农户（农业企业）同有关的工商企业、服务组织之间主要是以市场为媒介发生一般的商品买卖关系；随后，它们之间开始签订短期的、不固定的经济合同，建立起比较松散的经营联系；进而，为了节约交易费用、获取规模经济效益，它们之间开始订立长期的、固定的经济合同，建立起牢固的、稳定的经营联系，逐步在经济上结为利益共同体；最后，它们之间还产生了一定的组织联系，以至于逐渐在组织上实现了一体化。

值得关注的是，随着现代农业科技发展步伐的加快和农业机械以及高科技手段的广泛应用。特别是生命科学和生物技术的迅猛发展，使人们更加了解生物的生长规律，对生物生长过程的控制能力也越来越强。在农业的一些领域，生产过程越来越广泛地采用工业的工艺和管理方法，实行工厂化生产。这不仅昭示了农业产业发展的广阔远景，而且从较为现实的意义上说，农业的工厂化生产使农业生产的各个环节划分为相对独立的流程和工艺，为农业和农业关联产业在产业属性上的融合和微观组织上的一体化创造了条件。

我们把上述建立在科技进步和产业分化基础上的农业产业的发展过程称为农业产业化。因此，"农业产业化"这一概念可从准宏观和准微观（一般并称为中观）两个经济层次上进行认识和理解。从准宏观的结构层次上分析，农业产业化是指随着科技进步和经济的发展，农业产业不断分化和综合，农业与其关联产业日益紧密结合并实现协调发展的过程；从准微观的组织层次上分析，农业产业化是指随着农业市场化和社会化的发展，在农业生产经营过程中农户（农业企业）与有关利益各方为获取规模经济效益，自愿采用一定的组织形式进行联合从而实现一体化经营的过程。

现代农业产业的分化和综合，使人们不得不重新审视"农业"这一古老的概念。美国农业部基于其对农业的供应、生产、加工、销售和消费等功能的极大相互依存性的认识，将农业及其相关的产业统一称为"食物纤维体系"（Food and Fiber System），并将其划分为供、产、销三个环节。农用生产资料的供应包括农机、化肥、农药、农膜、柴油、种子、饲料等投入物资的供应，称为农业产前环节；种植业从种到收、畜牧业从育肥到出栏、林业从种植到砍伐、渔业从放养到捕捞等称为农业产品环节；农畜产品以及林渔产品从离开农畜场、林渔场到销售，包括收集、运输、加工、储存和销售，称为农业产后环节。在本书的论述中，则使用了"产业化农业"这一概念，即把农业（包括农、林、牧、渔）和农业产前环节的生产资料制造和供应业，产中环节的代耕、代播、代收、防疫、土壤改良和技术指导等服务业以及产后环节的农产品加工、保鲜、储存和运销业等，统称为产业化农业。

（二）农业产业化的组织形式和经营机制

1. 我国农业产业化组织的主要形式

"龙头"组织带动型农业产业化组织形式，即以实力较强的"龙头"组织为主体，以农产品加工企业、农产品运输和销售企业为"龙头"，或以合作社、农民协会等组织形式为"龙头"，围绕某一项主导产业和产品，实行产、供、销一体化经营。现阶段根据联结农户的"龙头"组织的不同类型，我国农业产业化的组织形式可划分为以下六种：

（1）"公司＋协会＋农户"，即以专业开发公司为"龙头"，以农民专业协会为纽带，以众多的专业农户为基础，通过有效的利益连接机制，结成经济共同体。

（2）"合作组织＋农户"，即以社区合作组织或农民专业协会为"龙头"，把分散的农户联结起来，开展技术合作、信息传递、融资、销售服务、运输等合作，形成规模，并实现产、供、销一条龙，种、养、加工一体化经营。专业户及时向合作经济组织提供优质农产品，合作经济组织对农户提供种子、技术、信息、资金、营运等项服务，进而使农户与合作经济组织间形成利益共享、风险共担的利益体。

（3）"企业＋农户"，即以加工企业为"龙头"，以农副产品精、深加工为主，以契约、服务等不同形式将基地农户联系起来，以企业发展带基地，基地壮大保企业，互相促进，共同发展。

（4）"大龙带小龙"，即以同一种农副产品为加工原料，通过主体企业的辐射建立分厂，把不同区域的专业农民联系起来，分家联销，共同面向市场。

（5）"专业批发市场＋农户"，即围绕优势产业的发展，发展专业批发市场，拓宽商品流通渠道，发挥市场的导向作用，带动优势产业扩大规模，以及发展与其相配套的加工、运销业等，进而形成一体化经营大格局。

（6）"公司＋市民＋农户"的双加模式，即以公司为"龙头"，公司负责提供部分资金、良种、技术指导、疾病防疫和产品销售以及信息服务，市民出资或出人，农户负责提供场地和劳动力，三方通过契约关系联合成为利益共享、风险共担的共同体。

发展农业产业化经营的主要目的就是要通过一种新的形式，把一家一户的小规模农民有效地组织起来。

2. 农业产业化的经营机制

（1）农业产业化经营机制的主要内容

农业产业化经营机制是指在农业产业化经营过程中各主体之间和主体内部各组成部分之间的相互关系及运行制度、方式方法。具体来讲，农业产业化经营机制可分为以下几个方面：

①工作推进机制是推进农业产业化经营的组织领导、工作专班及工作措施、工作方法等。

②企业发展机制是指企业自身提高和发展的功能。从发展角度来讲，包括发展目标、发展动力、发展方式和发展手段。发展目标是企业发展战略的核心，对企业经营起着导向作用；发展动力源于决策者或其企业追逐发展目标（眼前利益和长远利益）所产生的力量源泉；发展方式分为内涵式扩大再生产和外延式扩大再生产。从机制方面来讲，包括企业所有制形式、内部管理制度、产品加工流程、质量管理体系、科技创新体系、市场流通体系、品牌创建机制等；还有利益联结机制，就是企业、专业合作组织等市场主体与基地、农户之间以利益为纽带的联结关系，如合同制、合作制、公司制、托管制等，它是合作各方合理分享利润，实行共赢共利、共同发展的方式和方法。

③支持保障机制是指农业产业化经营发展的社会环境条件，包括投融资机制，财政、税费、土地及招商引资、资本营运等优惠政策，企业经营、基地生产的外部发展环境等。

（2）农业产业化经营机制建设的重点

从以上分析可以看出在农业产业化经营中，企业发展机制占有十分重要的地位。企业发展机制实际上是一套已经成功、可供复制运用的企业发展模式，主要体现在企业的自我调节、自我积累功能上，它能使企业主动适应外部环境变化，不断创新发展做大做强。企业具有完善的企业发展机制，主要标志有三条：一是已掌握了产品核心技术并形成了成熟的加工工艺流程；二是企业已开拓出主导产品并创建了自有品牌，产品具有一定的市场占有率；三是形成了完整的产加销体系，农业合作组织发展到一定的程度，形成了稳定的多方合作共赢的利益联结机制。若企业拥有了成功的发展机制或发展模式，再采取多种形式进行原版复制，就可使其在很短的时间内呈加速度扩张壮大。如国际上著名的瑞士雀巢集团、我国的农业产业化重点龙头企业蒙牛、温氏集团等，都是采取原版复制其成功的发展模式而得到快速发展壮大起来的。

纵观国际和国内发展经验，要推进农业产业化经营，完善的产业化经营机制是关键；推进农业产业化经营机制建设，创新企业发展机制是核心。因此，必须把企业发展机制或发展模式创新作为农业产业化经营的重中之重来把握。

二、农业产业化经营取得的成效

在国家宏观政策的引导扶持和各方面的支持下，各类产业化组织充分发挥自身优势，积极适应社会化生产和专业化分工的要求，大力推进产业化经营，取得了明显成效。

（一）促进了农业结构调整和优势产业集聚

各地充分挖掘当地资源优势，把农业产业化经营作为推进农业结构调整的重要举措，指导龙头企业根据市场需求进行产品加工，根据加工要求建设标准化、优质化、规模化基地，促进了农业结构调整。龙头企业积极向优势产业集聚，形成了一大批各具特色的龙头企业集群和优势产业带。如以吉林大成、吉粮集团、黑龙江北大荒、九三油脂为主的东北玉米、大豆优势产业带，以河南双汇、汇通为主的龙头企业集群在漯河地区打造的肉制品优势产业带，以伊利、蒙牛为主的龙头企业集群在呼和浩特周边打造的乳业优势产业带，以大连獐子岛、山东好当家、东方海洋为主的沿海高标准水产品优势产业带，以富安果汁、陕西华圣为主的龙头企业集群在渭北打造的苹果优势产业带，以山西穗穗集团为主的华北特色杂粮优势产业带。农业产业化经营不仅壮大了第一产业，而且带动了第二、第三产业的进一步发展。

（二）促进了农民多渠道就业增收

发展农业产业化经营，实现农户与龙头企业的有效对接，拓宽了农民就业增收的渠道。①实行保护价收购，保障农民增收。龙头组织与农户签订订单，实行农产品最低收购价，降低了市场风险，确保了出售农产品的收入。②采取利润返还，促进农民增收。③拓宽就业渠道，扩大农民增收。通过延长产业链，不仅使一部分农民直接进入龙头企业，还有许多农民参与运输、营销环节的经营活动，增加了收入。

（三）促进了农民组织化程度的提高

农业产业化经营实现了产加销、贸工农的有机结合，提高了农民的组织化程度。目前，主要有三种带动类型：①龙头企业带动型。龙头企业通过合作与联合，带领农民开拓市场。②服务组织带动型。各类服务组织有效地为农户提供技术、信息和运销服务，密切了产销关系。尤其是农民专业合作组织发展迅速，行业协会逐步建立，在农业产业化经营中发挥了日益重要的作用。③专业市场带动型。专业市场为农民提供了农产品交易平台，直接带领农民进入市场。

（四）促进了农业整体水平的提升

1. 大力发展农产品精深加工，拓展产业链，提升农业产业体系整体的质量、效益

如黑龙江省，随着农业产业化经营的发展，农产品加工层次不断深入。玉米加工已由玉米纤维、淀粉等初加工向膨化食品、葡萄糖、维生素 C、醋酸乙酯等深加工领域延伸。大豆加工向卵磷脂、异黄酮、天然维生素 E 等深加工方向发展。奶制品由原来单一的甜奶粉延伸到配方奶粉、液态奶、酸奶、豆奶等，猪、鸡的分割品种都达到 10 个以上，骨产品已加工出骨胶、明胶等，毛皮加工到三层以上，已加工出多种生物药品。

2. 大力推进标准化生产，提高农产品的质量安全水平

目前，黑龙江省的省级以上龙头企业 80% 通过了国家或国际有关组织的质量、环保、安全卫生等管理体系认证，有的还建立了农产品产地、质量、等级标识和可追溯制度，组织和带动农民进行标准化生产。

3. 大力引进新品种、新技术、新装备，提升农业的装备水平和新品种、新技术的推广能力

许多龙头企业引进了世界上最先进的生产线、农产品质量检测设备，生产产品和检测水平达到或超过世界水平。通过建立研发机构，自主开发和引进新工艺、新技术、新品种，提高了农业科技水平。如河南双汇集团建立自己的研发中心，积极开展生猪品种改良和技术创新，并从丹麦引进 3 个优良品种，从日本、韩国引进先进的养殖模式，在全国 10 多个省市建设了一批现代化生猪养殖基地。

4. 大力实施品牌战略，提高农产品的国际竞争力

龙头企业努力创立市场潜力大、产品附加值高、具有特色的名牌产品。国家重点龙头企业中有 332 家企业的主营产品为绿色食品，有 134 家企业获得中国名牌产品证书，100 家企业获得驰名商标，63 家企业获得中国名牌农产品证书。如内蒙古有 11 个中国驰名商标，其中 9 个是龙头企业产品，如蒙牛、伊利、鄂尔多斯、小肥羊等品牌都在全国具有较高的知名度。

（五）促进了农业对外开放

农业产业化经营组织在积极引进国外资金、技术、装备、经营管理方式的同时，加快实施走出去战略，大力发展外向型农业。①农产品出口日益壮大。许多龙头企业紧跟国际市场变化，积极应对贸易争端，全方位参与国际竞争。②积极开展跨国经营。目前，我国在境外投资、合作、上市的农业产业化龙头企业有 50 多家，投资地区涉及亚洲、非洲、北美、欧洲、澳洲等 30 多个国家和地区。一批竞争实力较强的龙头企业通过资本运作，在海外上市。河南众品食业股份有限公司、江西省煌佳南丰蜜桔科技股份有限公司、山东吉龙集团公司、江苏雨润等集团成功上市，提升了企业经营国际化、产品品牌化和管理现代化的水平。

第二章　农业经济发展

当前，我国经济社会发展正处在转型期，农村改革发展面临的环境更加复杂、困难挑战增多。工业化、信息化、城镇化发展对同步推进农业现代化的要求更为迫切，保障粮食等重要农产品供给与资源环境承载能力的矛盾日益突出，经济社会结构深刻变化对创新农村社会管理提出了亟待破解的课题。这些都需要我们保持对形势发展的敏感性，及时分析农业农村经济运行中存在的突出问题和苗头性问题，着力破解影响农业农村全局发展的深层次矛盾，真正发挥好参谋作用。

第一节　土地资源的保护

一、土地资源保护的起源与发展

（一）土地资源保护的历史起源

古代先人在满足生存的基础上，总结出易经等"天人合一"的哲学思想，提出的"阴、阳""八卦"以及"金、木、水、火、土"五行相生相克等朴素的唯物的物质认识都是从土地利用的实践中产生的，通过"堪天舆地"，产生了"风水"的认识论，并将这些朴素的认识应用到皇城、村落、城市的选址和房屋空间布局的安排上。在"风水"朴素的思想指导下，通过对村落朝向、方位、空间位置等的选择，形成了中国特有的土地资源保护的文化模式，这种模式深深扎根于中国的文化中，使中国的文化能够在这片土地上源远流长，并形成了"万物土中生、有土斯有财"等朴素的土地保护思想。

而国际上的土地利用与保护，自1972年斯德哥尔摩联合国人类环境会议以来，各国都十分重视环境（包括土地）保护。1977年，联合国荒漠化会议提出了"土地荒漠化"这一当今世界上的重要环境问题。1992年6月，联合国在巴西召开的国际环境与发展大会把它作为全球重要的环境问题列入《21世纪议程》第十章。近年来，美国、日本、瑞士、意大利、葡萄牙、瑞典、波兰、捷克等几十个国家和地区都开展了土地保护研究，并通过了类似"耕地保护法""地力增进法"的国家级法规。目前，土地质量研究已被土地科学研究领域中最为活跃的几大国际组织如世界银行、FAO（联合国粮食及农业组织）和UN-DP（联合国开发计划署）确定为优先研究项目，其核心问题就是土地退化和土地保护等问题。

（二）土地资源利用与保护的发展特点

1. 土地保护与土地利用相伴相生

人类在发现"万物土中生"的同时，也发现了连作会使作物的产量越来越低，并采取了各种各样的措施以保护地力。在我国主要表现为施粪、耕、锄、耙、耱等一整套耕作技术，并形成了间作、套作、轮作等土地利用方式；而在西方则表现为休闲、轮作等技术，土地利用与保护相伴相生。

2. 土地保护内涵和外延不断扩大

应该说最初的土地保护，是基于人类为生存空间而进行土地保护，保护土地的形式是通过设置土地产权而进行土地保护；而对于具备公共资源性质的土地，不仅需要设置产权制度，还要通过土地的相关法律、制度、政策来进行耕地保护，并通过土地规划实现对土地资源的保护。

从土地保护的内涵方面来讲，对于私人意义的土地资源，其内涵是保护权利人的利益不受侵害；而从公共资源角度来讲，土地资源的保护主要围绕土地资源的数量、质量、生态安全、景观、文化特点以及生物多样性的保护等多方面，土地保护的内涵和外延随着人们对土地的需求转变而产生变化。

（三）我国耕地保护历史

自从有了人类的土地利用就有了土地的保护，中华民族是将土地利用得最好的国家，在长期的土地利用中，不仅形成了中华民族特色的农耕文化，也形成了农耕文化背景下的土地保护思想、技术和耕作方式，因此这些土地保护的思想和技术，使中国的土地资源呈现可持续利用的态势。中国长时期的农耕所实行的"精耕细作"的方式，比如在渭河谷地，经过 2000 多年的耕作，土壤依然保持了较好的肥力，就是土地持续利用最好的见证。

在夏商周时期，中国祖先为了能够更好地适应环境、持续地利用土地，开始了最初的土地评价方面的探索，在这个时候形成了中国的"风水"文化。这种文化首先是祖先基于生存的需要，选择合适的生存空间并能够永续地利用，形成了很多关于土地资源利用的文化，如"留与方寸土，但与子孙耕"等一些传统的土地保护思想。

在中国农耕社会的发展过程中，不仅形成了关于土地保护的朴素主义思想，还产生了很多土地保护的利用模式，比如珠江三角洲的"桑基鱼塘"利用模式、云南的"哈尼梯田"模式；与此同时，也形成了适合于传统农业生产的土地耕作技术，比如有机肥施用技术、土地疏松技术等。中国传统的土地保护思想、模式和技术为我们现在的土地资源利用与保护提供了启示。

然而，真正意义上的耕地保护起源于 20 世纪 80 年代。

自 20 世纪 80 年代以来，耕地急剧减少引起各界的广泛关注，建设占用大量耕地的情况更是引起了党和国家领导的高度重视。于是制止乱占滥用耕地的政策文件陆续出台，1986 年党中央、国务院率先颁布《关于加强土地管理制止乱占耕地的通知》，并决定设立国家土地管理局；随之全国人大颁布《中华人民共和国土地管理法》，耕地保护的基本国策、法律和机构开始逐步形成。

为保证国家粮食安全，中国实行了最严格的耕地保护制度，建立了土地用途管制政策、耕地总量动态平衡政策、耕地占补平衡政策、耕地保护目标责任政策、农用地转用审批政策、土地开发整理复垦政策、土地税费政策、耕地保护法律责任政策和基本农田保护政策等。党的十七届三中全会通过的《中共中央关于推进农村改革发展若干重大问题的决定》中指出，坚持最严格的耕地保护制度，层层落实责任，坚决守住耕地十八亿亩红线，将耕地保护放在了非常重要的位置。

我国人多地少，土地开发历史长、程度高，后备耕地资源有限，耕地保护不仅是国家粮食安全的保障，还是应对国际经济波动的武器，同时也是中国社会稳定的基石。因此，保护耕地不仅是保障耕地的数量、质量和生态环境，更为重要的是要守住中国文化赖以生存的空间。

二、土地资源保护的意义

（一）土地资源利用与保护的国家需求

1. 国家粮食安全资源保障的需要

粮食安全是指一个国家满足粮食需求以及抵御可能出现的各种不测事件的能力，其决定性因素是粮食生产及消费的能力和水平，同时和国家经济发展水平及外贸状况有着密切的联系。随着我国经济的快速发展，城市化进程加快，城市规模不断扩张，导致建设用地的大幅增加和耕地资源的不断占用。耕地面积的减少直接影响着粮食的生产和供给。

保障国家粮食安全，最根本的是保护耕地。首先，耕地提供了人类生活必需的粮、油、棉等主要农作物，而且95%以上的肉、蛋、奶产品也由耕地资源的主副产品转换而来。虽然农业科技的应用使耕地单产日益提高，但无论农业技术怎么提高，粮食生产都离不开耕地，因为粮食生产的基础是土地。我国耕地减少的年代，粮食安全就受到威胁。即使是农业科技相当发达的国家，如美国也十分强调对耕地的保护。因为单产的提高难增加，并且提高空间日益缩小。随着粮食安全由供应保障向健康、卫生、营养理念的转变，化肥、农药等农业科技产品的应用空间逐渐减小，边际效益不断降低。世界农业从原始农业到石油农业，再到生态农业，回到了以注重耕地等自然资源保护和综合开发利用为主要内容的可持续发展道路上。与此相对应，从无害化食品、绿色食品到有机食品，对食品的产地环境质量提出了越来越高的要求。

2. 国家生态安全的需要

耕地是一种重要的自然资源，除具有的首要功能为食物生产外，还具有生态服务、经济（金融）安全和社会稳定等多种功能。

土地资源的生态服务功能。与各种自然植被、湖泊、沼泽等类似，土地的生态系统具有重要的生态服务功能，在生物多样性的产生与维持、气候的调节、营养物质贮存与循环、环境净化与有害有毒物质的降解、自然灾害的减轻等方面发挥着重要作用。此外，耕地作为人工生态系统，由于接受了更多的物质投入，是一个物质快速循环的高生产性生态系统，其生物生产量比林木和草坪大得多；与同面积的林木和草坪相比，农作物发生光合作用吸收的二氧化碳和释放的氧气也多得多。可见，土地资源有着重要的维护生态系统安全的功能，对于满足国家生态安全的需求发挥着重要作用。

3. 传统文化传承的需要

土地利用是一个历史的范畴。人类数千年在这片土地上生产生活，人类历史的记忆、人类精神的传承、人类情感和审美的方式、人类一切的文明和创作都留在这片土地上。

人们在土地上生存，利用土地创造了难以计数的物质财富和精神财富，土地又以不同的地貌形成了人们不同的聚集，以不同的环境构成人们不同的生存文化。我们今天有酒文化、茶文化，实际上土地是一个更大的概念，是包容力更强、涵盖范围更广的一个文化平台。所以从文化的意义上讲，土地对于文化传承的作用不可估量。

4. 经济安全的需要

传统的经济安全主要指国家自然资源供给及资源运输通道的安全。随着全球经济一体化进程的加快，经济安全的观念逐步转变，将抵御外来经济干扰的能力放在首位并开始强调市场的稳定运行，包括市场规模的提升以及市场结构的改善等。土地作为一种稀缺资源，它具有资源和资产的双重属性，并通过四个传导渠道来影响宏观经济。作为资源和要素，土地通过生态渠道和产业渠道影响宏观经济；作为资产或资本，土地通过信贷渠道和财政渠道影响宏观经济。

我们要充分发挥土地参与宏观经济调控的"闸门"作用，根据供给制约需求和节约、集约原则，在保障重大基础设施建设的前提下对非农用地的增长速度和规模加以控制。同时，还应重视建立土地资源循环经济机制，规范土地供应和开发行为，鼓励盘活存量用地，优化建设用地的配置结构，从而保障城乡经济持续健康地发展。

（二）土地资源利用与保护的关系

土地利用是人们为获得需要而对土地施加的资本、技术和劳动力等生产要素的干预过程，其具体表现在土地利用类型、土地利用方式和土地利用强度三个方面。由于土地资源的有限性和位置的固定性以及土地资源的特殊的生态过程及其影响，要保障土地资源的持续利用，必须采取一定的法律和政策以及道德等手段，对土地利用行为进行约束和规范，以保障土地资源的可持续利用。

两者之间需要达到一种均衡与协调状态，以促进土地资源的可持续利用，围绕着土地利用的各个过程，两者之间既存在统一也存在对立。

土地利用改变土地利用类型、土地利用方式和土地利用强度，对自然的土地施加了影响，改变了土地利用覆盖，从而对生态、经济以及社会各个方面产生影响。这些影响包括正面和负面的影响。正面的影响包括满足人类获得衣、食、住、行的需要以及文化精神的需要，但在利用的同时，由于利用方式不当，造成了水土流失、土壤退化、耕地生产能力减低以及气候和水文变化等不利影响。

而土地利用保护就是要基于土地利用变化对生态环境可能产生影响的基础上，基于产权、法律、政策、道德文化等对土地利用方式进行限定，以保障对土地资源的可持续利用。因此，土地保护是基于对土地利用变化及其变化过程的可能影响方面做出的有关制度安排、法律保障以及思想道德的约束，并在自然条件、法律和经济条件等约束下进行的土地保护行动。

要更好地进行土地保护，就必须从研究土地利用及其变化驱动机制，分析土地利用变化过程，并对土地利用变化的可能影响进行分析，才能形成土地利用的保护方法以及相关的技术手段，保障土地资源的可持续利用。

第二节　农业资源的可持续利用

农业资源，特别是农业自然资源不仅被人为地开发利用，其循环再生亦受人为干预，处于动态变化的状态。只有掌握了农业资源动态变化的规律、原因以及变化趋势，才能拟定开发与利用农业资源的方案，农业资源的利用质量、数量才能在掌控范围内，其循环恢复状况才能在预计范围内，才能在开发与利用农业资源的过程中保护农业资源，保障农业资源利用的长久性，使农业资源开发利用过程中的经济、资源、人口等众多元素之间平稳共同发展，才可称之为农业资源可持续利用状态。

农业资源可持续利用的特点如下：

1. 时间性

时间性指的是未来人们对农业资源开发与利用的状态与现在相同，或者优于现在的人们。这显示着经过农业资源在开发与利用后质量无衰退，在时间上得以延续。

2. 空间性

农业资源具有地域性，地域农业资源在其开发与利用的过程中不能对其他地域农业资源造成负面影响，而地域内的一切农业资源维持着循环平衡的相互依存关系。

3. 效率性

农业资源开发利用过程必须"低耗高效"。农业资源可持续利用实现"低耗高效"，是以农业社会经济资源中的科技技术为基础的。在农业资源开发利用过程中，完善资源附属设施、采用先进的科学技术，以对农业资源最低的利用度，来获取最大的农产品产量，实现农业经济的高效性。

一、农业可持续利用理论基础

（一）农业生态系统理论

生态系统理论可以看作发展的心理学，它是由生态学与心理学共同组成的新生学科。生态系统理论是学者布朗芬布伦纳提出的个体发展模型，系统与个体之间彼此作用、彼此制约。简单来说，生态系统理论所要表述的主要观点有如下三个方面：

（1）生态系统理论认为人生来就有与环境和其他人交流的能力，人与环境之间彼此作用、互利共生，并且人们个体能够与环境形成良好的彼此协调度。

（2）人们个体的行动是有目的的，人们自古以来便遵循着"适者生存、不适者淘汰"的生存原则，人们个体所存在的意义是由环境赋予的。因此要理解人们个体，就必须将人们个体置于环境中。

（3）人们个体所面对的问题，是其在生活过程中所面临的一切问题。对人们个体所面对问题的理解和判断，也必须将此问题放置于人们个体所在的环境中。

农业生态系统理论是以生态系统理论为前提，个体为生产利用农业资源的人们个体，生态系统理论所提及的"环境"则是个体在农业生产活动中所涉及的自然环境以及社会经济环境。农业生态系统理论表示人们在农业生产过程中，人们既影响着环境，环境也对人们生产的历程产生一定的作用。而人们作为利用自然资源的主导者，只有科学合理地利用自然资源，与自然资源形成友好共处的关系，农业的生产才能达到一种生态平衡，农业生产过程才能高质、高效地进行。

生态系统理论在农业资源利用过程中需要注意如下两个问题：

（1）人们在利用农业资源过程中所面临的许多问题，并不是完全由人们引起的，自然资源是造成问题的主要原因。

（2）对农业资源利用个体的研究，要从生态系统理论所表述的四个系统角度综合分析，同时也要单独从四个系统的角度分别进行分析。

（二）农业资源可持续发展理论

1987 年，世界环境与发展委员会出版的《我们共同的未来》（*Our Common Future*）中使用了"可持续发展"，并对其进行了定义，内容为："持续发展是在满足现在人们的需要的前提下，又不对未来人们满足其需要的能力构成危害的发展。"然而要实现可持续发展，则在当前使用与利用的过程中，规定使用额度与限度并通过统计计算，统计人口、经济、社会等一系列问题以及发展趋势，计算未来人们的使用需求。资源存储量不够时，现在人们应节约使用，并施以"开源节流"的对策，在节制资源使用量之余制定对策促进资源的恢复功能，以保证未来人们对资源的使用；资源存储丰富时，现在人们虽可依据需求量使用，但必须注意在使用过程中保护资源，切勿伤害资源的恢复功能，甚至要根据资源的形成过程与所需条件，为资源的恢复创造条件、提供契机。

农业资源可持续发展理论是对人们在农业资源开发与利用过程中的考察，也是用来揭示人们在农业资源利用过程中，社会对人们利用资源、资源被利用的一种愿景，即农业资源的可持续发展。

（1）转变了传统的单纯经济增长，而忽视生态环境保护的发展模式。

（2）由资源型经济过渡到技术型经济，统筹分析社会、经济、资源与环境所带来的收益。

（3）通过对新型技术的研发与利用，对农业生产方案做出优化，实行清洁生产与文明消费，提升资源的运用效率，减少废弃的水、气、渣的排放，协调农业资源与农业生产之间的发展关系。因此，保证社会经济的发展不仅能够供应现在人们的消费需求，同时也不会对未来人们的发展造成一定的威胁，最终目的是使社会、经济、资源、环境与人口持续稳定的发展。

二、农业资源可持续利用的途径与措施

（一）农业资源可持续利用的原则

农业资源可持续利用应遵循以下基本原则：

1. 因地制宜

每个地区农业资源的基本特征不同，特别是农业自然资源方面。在实现农业资源可持续利用方针之前，应对区域农业自然资源进行资料采集以及数据分析，方能拟定农业资源利用计划与方案。

2. 利用和保护有效结合

农业资源可持续利用，并不是仅仅对农业资源的开发利用，更重要的是在利用过程中对农业资源的保护。农业资源利用的方法、规模、密度等因素，均在保护范围之内。

3. 经济效益与生态效益相结合

农业资源的利用目的是产生一定的经济效益，在追求经济效益的同时，应保持区域内原有的生态效益或者优化生态效益。

4. 局部与整体的和谐关系

农业资源所涉及的方面杂而多，农业资源利用的目的需要通过局部性与整体性的和谐统一。农业自然资源、农业社会经济资源以及农业环境资源，每种资源均需实现可持续利用的目标，区域内农业资源的整体性才能完整与高效，农业资源所产生的经济效益与社会意义才能长远。

（二）农业资源可持续利用的措施

1. 合理利用和保护耕地资源

首先需要制定一套完善的节约用地制度，节约用地制度体现的是一种集约的用地方法，对原耕地的用地方式以及新增用地的开发方式提出了要求。而节约集约用地机制不仅是一套节约用地的长效机制，限制了新增用地的开发方式，同时也对新增用地的开发范围提出了要求。此外，也对建设型新增用地提出了选址要求，其选址不应对耕地造成影响。节约集约用地制度还需要对土地资源的评价和考核提出一套指标，对于耕地资源而言，应对其种植目的、种植品种、品种年限以及产出率提出要求；对于建设用地而言，应对其建设过程进行监督与管理，保障区域内用地的有效性与生态性。

其次应将土地有偿使用机制进行改革，将其市场配置范围进行扩展。市场机制也就是产生市场经济效益，对于耕地资源而言，是促进节约集约用地方式的重要因素，将其国有土地有偿使用范围进行扩展；对于建设型用地，如工业用地，应将其土地储备制度进行优化，引入市场机制，结合有限储备盘活闲置、空闲和利用率较低的土地。

2. 大力发展生态农业

在利用自然资源的过程中，应以生态学与生态经济学作为理论依托，以全新的科学技术作为技术指导，以完善系统作为工程方案，科学地、高效地利用自然资源，实现低投入、高产出且维持生态平衡和谐发展的良好局面。

实现生态农业的快速发展，首先需要培养优秀的生态农业建设人才，指导各个区域生态农业发展的实行；其次，地区政府应在农村普及发展生态农业知识，培养村民发展生态农业意识，并将大力发展生态农业计划有组织、有条理地传达给村干部，形成政府监督村干部、村干部监督村民的紧密结构，将生态农业发展计划进行到底。只有实行生态农业计划，农业资源可持续利用的远景才能实现。在生态农业意识与计划普及的过程中，必须继续研发生态农业生产技术，比如耕地松土技术、施肥配方技术、浇灌技术等。

3. 强化市场作用

强化市场作用，带动结构优化、农业结构优化调整应深入研究潜在市场，找准切入点，从而科学引导农民主动进行农业结构调整，避免盲目调整、被动调整、从众调整和低层次调整，防止结构趋同；建立以产区为中心的区域性批发大市场和专业大市场，通过市场的引导和带动，形成农业主导产业和支柱产业。

4. 加大资金投入，升级农业产业结构

加大资金投入，开辟融资渠道。农业产业结构的优化升级需要市场化运作、分工明确的投融资体系，引导社会资金流向，拓宽产业结构优化的投融资渠道。首先应增加财政资金投入量，建立财政农业投入的稳定增长机制，形成稳定的财政支农资金来源；其次应加大农业银行、农业发展银行和农村信用合作社等金融单位的信贷支持力度；最后应积极引导民间资本和国外资本的投入，开发建设农业生产、加工项目。

5. 提升服务管理

改革管理体制，服务结构优化。在宏观管理层面，转变政府工作职能，增强农业社会化服务功能，避免政府职能交叉、政出多门、多头管理，从而提高行政效率。在微观经营层面，应鼓励形成行业协会和大型农业企业，政府将社会职能让位于这些组织，逐渐从直接干预农业中退出。在农业政策层面加大农业投入比重，完善农业信贷政策，建立农业专项保险制度，降低农业结构调整风险。

6. 构建农业资源核算体系

建立农业资源核算体系，从量上系统地反映农业资源的开发利用状况，以及对资源利用过程中人口、经济、环境以及生态各个因素之间的内在系统性的体现，以数据的形式为资源可持续利用评价提供参照。农业资源核算体系的内容包含农业资源的核算方法、核算指标及核算模型。

建立农业资源核算体系不仅体现了农业各个资源之间的关系，而且同时统一规范了资源核算计量方法，使得各个区域的农业资源利用状况可统一计量，有效对比。农业资源核算体系必须以相应的农业资源开发利用谱系作为评价指标，当核算数据超过指标则农业资源的利用状况不尽乐观，存在潜在危机，需要及时解决；而当核算数据在评价指标范围之内，则说明农业资源的利用具有可持续性，应保持原有的利用方式与状态，或者可进行优化利用。

7. 加强法制建设和管理

加强法制建设和管理，首先，有效实行"一个平台、三个系统"。"一个平台"是指在建设产业集中的区域，通过产业的汇集促进生产主要元素的规模汇集和完善组合，形成竞争的有利条件及发展驱动，营造资本、技艺和英才新高地。"三个系统"，一是现代化产业系统，要求加快构建以现代农业及工业主导的产业、高新技术的产业、现代服务产业和基础产业互相扶持、互助成长的产业系统，加快工业化进程；二是现代城镇系统，大力发展城镇化建设；三是自主创新系统，做好科研工作。"一个平台、三个系统"的实施内容要真真切切地落实，在实际工作中还需灵活结合耕地并利用相关制度，提高执法监察效果。

其次，建立立体化的监管体系。一是加强天空监管。以国家开展卫星执法监察为台阶，通过技术等提高卫星监测的密度、频率及范围。通过卫星监测的方式，对所需关注的重点地区、重点时段及重点项目进行实时有效的动态监测。二是加强地面落实。需要建立一套完善的动态巡查监管体系，对资源各个方面的利用监测应划分职责，明确监察任务。省、市、县要以大管小的模式，将巡查监管的责任落实到地区、岗位以及人，做到人人巡查监管，不留监管死角。三是加强网络化控制。通过网络系统进行监督与管理。传统的资源监管模式，是由下级主动将资源利用数据上报上级，而网络管理则可实现上级自主通过网络系统，对资源利用数据进行研究。以图纸的形式作为动态检测平台，不仅促进上级对下级工作的监管，同时可以对资源利用计划进行"批、供、用、补"全方位的即时监管。

最后，国家相关部门需要有效沟通与紧密配合，如执法局、建设局、土地管理局等。通过各部门之间的发展目标、营运计划，共同对农业资源的利用情况进行巡查、检查与监察，如对违法乱盖的现象严令禁止、对顶风作案的行为严格惩罚等。为促进各个部门工作的顺利进行，第一，要对农业资源的有效利用做出一番传播，有效利用的重要性、有效利用的方法等方面的知识应通过教育的方式普及；第二，各部门之间应完善其工作职责，只有各自完善了工作职责，部门之间方能实现有效配合。另外，满足群众一视同仁之心，让群众自愿监管，自觉实施用地计划。

第三节　发展农业循环经济

农业循环经济实质上是一种生态经济，是对传统农业发展观念、发展模式的一场革命。发展农业循环经济，从根本意义上来说是由农业大产业自身的特点和发展规律所决定的。宏观层面，农业循环经济是遏制农业污染、发展农业的一种机制创新，是提高农业资源利用效率的机制创新。从农业生态文明角度来看，有学者认为发展农业循环经济是确保农产品安全、建设农业生态文明的最有效途径，是实现农业生态环境友好、建设农业生态文明的最佳载体。农业循环经济是建设社会主义新农村的需要，党中央在建设社会主义新农村规划中提出了生产发展、生活宽裕、乡风文明、村容整洁、管理民主的社会形态，这就必须营造良好的农村生态环境。农业循环经济中的原则是保护农村生态环境的必要条件，因此离不开农业循环经济的发展。楚永生、初丽霞提出，农业循环经济是在循环经济理念和可持续发展思想指导下出现的新型农业经济发展模式，它抛弃了传统农业的掠夺性经营方式，把农业经济发展与环境保护有机结合起来，从而成为农业经济和国民经济可持续发展的重要形式。

一、政府引导农业循环经济的必要性分析

可持续发展始终是一个动态的过程，必须不断积极探索新的实现形式以适应经济社会的发展。正是在这样的背景下，近些年来国家有关部委和各地方政府都将目光聚焦在了农业循环经济，普遍认为追赶发展循环经济的时代大潮是农业可持续发展的迫切需要。

（一）农业循环经济是保持农业可持续发展的有效途径

1. 以现代化为目标的农业可持续性要求，将循环经济与农业相结合以改造传统农业

可持续发展既是现代农业的出发点，又是其最终的目标，未来农业发展的趋势就是建立在可持续性基础上的现代化农业，农业发展的可持续性是一个内涵丰富的概念。高旺盛教授指出，主要体现为"三个可持续性"的协调发展，即生产持续性；保持农产品稳定供给，以满足人类社会发展对农产品需求的能力经济持续性；不断增加农民经济收入，改善其生活质量的能力，主要体现于农村产业结构、农村工业化程度以及农民生活水平等方面的生态可持续性。人类抵御自然灾害的能力以及开发、保护、改善资源环境的能力是整个农业发展与经济增长的前提，没有良好的资源基础和环境条件，常规式的现代农业就会陷入不可持续发展的困境之中。

然而，传统农业已不能同时满足生产持续性、经济持续性和生态持续性，尤其是在保护农业资源和环境方面显得无能为力甚至产生负面影响。在我国，传统农业生产的初级产品经过加工后作为商品开始流通，在完成使用和服务价值后，部分商品变成垃圾，加剧了农业面源污染。循环经济源于可持续发展，它是人类发展到一定阶段受自然"胁迫"后反思的结果，发展循环经济就是对可持续发展道路的探索。而针对传统农业所进行的现代化改造，正是循环经济在农业领域展开探索的时代背景和阶段特征。只有在这个特定的阶段，农业循环经济的一系列思路和理念才能在保持农业可持续性和发展现代化农业的目标中发挥最大的效益。

2. 循环经济适应农业可持续发展的内在要求，是积极、和谐地实现资源、环境与社会经济的可持续发展

农业作为直接利用自然资源进行生产的基础产业，是人类对自然资源与生态环境影响最大、依赖性最强的产业。农业可持续发展的核心是保护农业资源与环境，农业要实现可持续发展很重要的一点就是实现资源的可持续利用，这是本质所在。农业循环经济以资源的高效利用和生态环境保护为核心，以"减量化，再利用，资源化"为原则，如畜禽养殖冲洗用水可用于灌溉农田。这也就是说，农业循环经济在资源利用方面强调利用自然生态系统中各要素的特性，形成空间上多层次和时间上多序列的立体多维的资源利用系统。

（二）发展农业循环经济有利于促进农民增收

"农民收入是衡量农村经济发展水平的综合指标，是检验农村工作成效的重要尺度。农民收入增长缓慢，不仅影响着农村经济的发展而且制约着工业品市场容量的扩大，而且不利于整个国民经济的发展。"解决农民增收问题的思路不创新，不下大力气缩小城乡贫富差距，就不可能为我国的加工业和服务业提供大的市场，国内巨大的潜在消费能力就难以真正释放，平稳较快的经济增长就难以保持。

1. 有利于大大提高农业资源利用率，节约农民的生产性开支，变废为宝

稀缺性、有限性是农业资源的特点，在客观上要求农业各项生产活动都必须十分珍惜合理利用农业资源，充分开发利用农业有机资源，尽可能地提高农业资源的利用率以做到"吃干榨尽"。农业循环经济通过生物之间在生态链中的各个营养能级关系，相应地使剩余农业有

机资源转化为经济产品，投入农业生产过程，替代或增加新的生产要素，使农民获得经济效益且增加农民收入。

2. 有利于适度规模化生产经营的形成，变"粗放型"为"集约型"农业生产方式

尽管生态效益和经济效益同为政府和包括农民在内的社会公众所关心，但是在市场经济条件下，一种农业模式能否得到推广关键还在于它能否带来经济效益。农业循环经济要求根据区域农业资源优势、产业结构特征以及废弃物特征和分布状况，实现区域范围的大循环，这无疑将加快由家庭小生产经营向集约化、规模化大生产经营方式转变。"集体化"可以提高农作物的单位产量，增加农民的生产性收入，并可以解放大量劳动力向城市和农村非农产业转移，增加农民收入的来源形式。例如，在各地蓬勃发展的生态农业旅游、农家乐等都为农民致富开辟了广阔天地。因此，促进农业生产规模化经营不仅可以降低农业生产的成本，增强农业抗风险能力，提高农业生产的经营效益，同时"还可以将市场竞争中长期处于弱势地位的单个农民变为真正具有市场竞争和博弈能力的市场主体，增强农民的市场谈判能力，有效地保护农民权益"，降低农民的交易成本，增加农民收入。

3. 有利于促进农民就业，带动人力资源开发

我们依据循环经济原理来分析农业循环经济促进农村人口就业的运行机制。循环经济要求各类产业或企业间具有产业关联度或潜在关联度，能够在各产业间建立起多通道的产业链接，实现产业或企业间的能源共享：提高供应链管理的水平，通过核心业务的选择和调整，进行有效的产业链整合，从根本上提高生产和服务的效率，减少能耗，提高产品和服务质量，提升核心竞争力。产业链的整合会促进产业的延伸和产业间的融合，促使第三产业向第一产业和第二产业的延伸和渗透以及工业、农业、服务业内部相关联的产业融合提高竞争力，适应市场新需要。

因此，发展循环农业，通过产业链整合促进产业间的延伸整合，可以使内生就业机会增加，有效解决农民的就业问题。农业循环经济要求农业生产是产业化的生产，形成一个良性运转的"产业链"或"产业网"。这不仅提高了农业生产效率和人才资源配置效率，而且增加了农民就业机会。农业循环经济的发展还扩大了劳动密集型的园艺、畜牧、农产品加工等优势产业的规模，可以吸引更多的农村劳动力就业。

二、政府推动农业循环经济发展的对策措施

（一）制度建设是发展农业循环经济的基础

1. 推进农业循环经济法治建设

实践证明，发展循环经济的主要杠杆有两方面：一是靠经济、价格政策；二是靠法律法规，即法律规范机制，就是说要用立法方式进一步推进，才能事半功倍。循环经济无论作为一种经济理论还是一种现实的经济模式，都要在全社会范围内深入人心，要建立农业循环经济体系、实现农业可持续发展，必须建立一个强有力的法律支撑系统、一个规范的行为准则、一个明确的导向系统。发展农业循环经济是一场变革传统生产方式、生活方式的社会经济活动，需要明确的导向。若没有明确的思想和价值观念为其指明方向，没有可靠的行为规范、行为准则来统一其行动，发展循环经济就会陷入混乱。因此，必须加强农业循环经济立法，也只有通过立法，才能把循环经济从一种经济理论转变为人人都能遵守的行为规范。目前，在农业循环经济发展方面，相关的法规制度薄弱，因此加快有关农业循环经济法治建设工作已是当务之急。应建立和完善农业生态环境保护法、农业废弃物无害化处理与利用标准、绿色农产品认证制度、

市场准入制度、生态农业补偿制度以及生态农业发展的激励政策与机制。

加强农业循环经济立法，可通过发挥法律的强制作用去扭转农民陈旧落后的思想观念，提高其环保意识，使其逐渐抛弃自私自利的小农思想，用长远的眼光看问题，杜绝短期行为。同时，农业循环经济立法还可以充分发挥法律的引导功能，通过规定经济激励制度、技术支撑制度、信息服务制度及政府的指责等内容，帮助农民解决发展循环经济过程中遇到的资金、技术、信息等问题，缓解发展农业循环经济可能给农民带来的风险，消除他们对发展农业循环经济的顾虑。

第一，坚持循序渐进和因地制宜原则。全国性农业循环经济立法要兼顾我国区域发展差异条件下的不平衡性，地方性的农业循环经济立法要因地制宜，结合法律的前瞻性和可操作性，结合本地区的农业资源和生态资源情况、农业生产力发展水平，做到科学立法，增强立法的质量与效益。坚持政府引导和市场推进相结合。农业循环经济的发展要遵循市场经济规律，充分发挥市场经济所具有的市场联系、产品选择、收入分配、信息传递、经济引导与刺激，促进技术研发、供求总量平衡。促进政府执法方式转变和提高执法效能。促进贸易与经济发展等功能。但市场经济的这些功能具有互动性和自发性的特征，互动性和自发性如果不受政府的合理干预就会产生市场失灵的问题。因此发展农业循环经济，必须强调政府适度的服务性、技术性和政策性引导甚至强制干预功能。在农业循环经济立法中，要把市场推进与政府引导结合起来，既要解决农业循环经济发展过程中的市场失灵问题，还要解决历史上形成的政府干预过度问题，不能越俎代庖，做一些本应由市场机制就能解决问题的事情。

第二，坚持农业自然资源的开发利用和保护相结合的原则。自然资源是农业生产赖以发展的物质基础，丧失了自然资源就丧失了农业的劳动对象，也就无法进行农业生产；农业自然资源受到破坏，就会影响农业生产的持续稳定发展。因此，必须合理利用并注意保护农业资源，才能保障农业的发展，对于开发利用农业自然资源的各种活动，必须加强监督管理。根据生态经济规律的要求，合理开发利用自然资源，并在开发利用过程中保护好农业自然资源和农业环境，是促进农业生态系统良性循环、实现资源永续利用的关键所在。

2. 建立政府经济激励机制

法律法规体系的建立和完善能够为农业循环经济的发展提供坚强有力的后盾支持，做到有法可依、有据可循；能够规范各行为主体之间的关系。"但法律法规并非循环制度安排的唯一内容，西方国家的循环经济实践表明，经济手段同样具有十分重要的作用"。农业循环经济必须遵循市场经济一般法则，其主体是企业和农户。"经济人"的天然属性要求经济行为必须有利可图，"事实上，无论传统经济中企业的逐利行为造成的负外部性，还是实施循环经济后所形成的正外部性（生态环境效益），都可通过经济手段予以内部化。由于企业具有天然的'经济人'的特点，使用经济激励可能比强制性制度获得更低的交易成本和更高的效率"。

（二）政府生态服务职能是引导农业循环经济的保障

在我国现代政府范式系统中，生态服务型政府范式被视作服务型政府观念范式的具体表现形式，它是作为观念范式的"服务型政府"和作为操作范式的"生态型政府"相互嵌套和相互契合的产物。"而所谓生态型政府就是指以实现人与自然的自然性和谐为基本目标，将遵循自然生态规律和促进自然生态系统平衡作为其基本职能，并能够将这种目标与职能渗透与贯穿到政府制度、政府行为、政府能力和政府文化等诸方面之中去的政府。"因此，政府引导农业循环经济发展，政府本身应积极构建包括"生态服务型政府"内涵在内的服务型政府，完善政府生态服务职能。换句话说，政府生态服务的价值观念是政府生态服务实现的首要前提，也是政府生态服务实现的规则制度和操作理念及行为的内在灵魂。

市场机制是农业循环经济运行的基础性制度机制，但农业循环经济并不是为经济而经济，它之所以优越于传统的农业经济发展方式，是因为其内含的生态价值导向。一方面是遵循市场经济的价值规律以使农业循环经济获得强大的生命力，而不至于仅仅停留于对改善环境的美好的理论想象；另一方面存在于社会认可的经济价值背后的生态价值是农业循环经济发展模式的真正根基。正是如此才使得农业循环经济从短期的经济利益出发，又超越经济利益而兼顾子孙后代赖以生存的生态环境。这样，政府的生态服务职能在农业循环经济生态价值发挥过程中起着关键的主导作用：一是农业生态环境作为比较典型的公共物品，具有深刻的公共意义，明显体现出社会的整体利益、公共利益和长期利益，而作为其他个人与组织都不具有比较性的公共代表性的政府就必须承担相应的责任。二是农业生态环境问题本身存在一定的跨区域性，其他组织和个人的合法性与强制性以及宏观调控能力都无法和政府相比拟。三是生态公民社会的成长、企业生态责任感的增强还不足以取代政府在生态环境治理中的主导地位。相反，农业循环经济相关企业的生存成长、非政府生态组织的发育发展、公民的生态治理与意识、教育熏陶还需要现代政府发挥特有的培育、倡导和组织作用。四是我国大多数公民视政府为自己依靠的依赖型政治文化环境，更是需要政府在生态环境治理中居于主导地位和发挥主要作用。

（三）引导农民积极参与发展农业循环经济

马克思主义认为，人是一切经济社会发展的主体。人的自由而全面发展，是人类社会发展的终极目标。建设社会主义新农村，人是第一资源，没有素质的现代化就不可能有农业和农村的现代化。

1. 转变农民的思想观念，促进农业循环经济理念扩散，推广观念更新是发展农业循环经济的基本前提

农民的思想意识和价值观直接影响着农业经济的发展，要转变农民传统、保守的思想观念，树立循环农业发展观念，增强广大农民群众实施循环农业的积极性和自觉性，为循环农业的实施提供强大的社会基础。因此，在农业教育、宣传中，要将转变其思想观念放在首位，应适时引导他们抛弃传统的小农意识，走出安于现状、不思进取的误区，让自己融入发展市场经济和建设现代农业的大潮，使之感到知识经济时代已经到来，生产劳动不再是单纯的体力消耗，而是"技能＋体能""知识＋勤劳"的复合性支出。同时，使他们明白日新月异的科技进步、突飞猛进的世界经济发展，唯有不断接受教育，积极学、用现代科技才跟得上社会发展的节拍。要加强对农民的宣传教育，增强农民的资源忧患意识和环保意识，普及循环经济知识，逐步培养起节约资源、保护环境的生产方式和生活方式。

发展循环农业，需要农业劳动者不断学习新知识、掌握新技能，这就要求农民群众树立"终身学习"的理念。当前，农村人力资源开发的一个重要任务是培养农民的学习习惯、再学习能力，培养学习型的农村社会、学习型家庭，让农民经常学习，科学劳作，增大劳动中的知识含量，通过学习指导日常工作，从而减少各种损失，提高经济效益。

农业循环经济是知识经济，农民群众还要树立"知识致富"的理念。21世纪知识就是经济，谁拥有了知识，谁就拥有了财富。没有知识的土地是贫瘠的，农业人类资源开发就是要让农民掌握知识，运用知识，耕耘土地，创造财富。开发农民的潜能，在生产中变"体力劳动为主"为"脑力劳动为主"，运用各种工具辅助劳动，运用各种知识指导劳动，知识致富。

直接面向农民群众的基层领导干部在转变农民思想观念上具有表率作用。在农村现实生活中一旦正确的政策路线确立后，干部队伍便起着关键性作用，他们直接影响着政策路线正

确实施。因此，转变落后的思想观念，首先是要转变农村干部的思想观念。各级干部要以科学发展观为指导，辩证地认识知识经济增长与环境保护的关系，转变把增长简单地等同于发展的观念。在发展思路上要彻底改变片面追求 GDP 增长而忽视资源和环境问题的倾向，树立资源意识和环保意识，要深刻认识发展农业循环经济对于落实科学发展，实现经济和社会可持续发展，全面建设小康社会的重要性、必要性和紧迫性，牢固树立农业循环经济的发展理念。

2. 继续加大农村人力资源开发的投入力度

"在同等条件下，一个具有较高人力资本的农民与土地、自己结合便能够产生更多的产品，创造更多的财富，从而更多地增加农民的收入。人力资本低，产出效率必然低，从而影响农民收入。"政府要加大对农村人力资源建设的投入，在经费上给予大力支持：一是要增加教育投资力度，继续提高国家财政的教育经费支出比重，使教育费用支持增长率高于国家财政支出增长率；二是鼓励社会增加教育投入，尤其是鼓励和宣传一部分富裕农民集资捐助教育，为农村教育筹集大量资金，提高个人、家庭对教育的投入。同时，政府为农民提供入学贷款，为大学生到农村创业提供融资、信贷等优惠。此外，政府也应加大对农村营业、卫生、医疗、保健等方面的资金投入，努力改善广大农村地区的自然条件、医疗卫生条件等，为农民身体素质的提高提供资金支持。

农民提高认识、转变观念、参与农业循环经济发展，需要的是信息的充分供给。政府须对现有农业信息传播体系进行集成整合，完善农业循环经济信息网络建设，提高网站质量，扩充信息量，让农民与时俱进：一是要加强信息标准化建设，构建智能化农村社区信息平台，促进循环农业信息资源共享和开发利用，全面、高效、快捷地为农民提供信息咨询服务；二是促进农村信息化进程，加快信息进村入户，把政府上网工程的重点放在村组两级，不断提高农村基层适应市场，把握农业、科技发展前沿动态的能力，增强其参与农业循环经济发展的积极性和自觉性。

3. 建立农民群众投身循环农业发展的激励机制

农村广大农民群众的经济参与，是循环农业健康发展的重要保证。我国自 20 世纪 80 年代初期推行家庭联产承包责任制以来，许多农村地区长期处于无人管的状态，农民各搞各的，农业生产无序，水利、机耕路长期失修，农田高度分散得不到有效整治，农业资源得不到充分有效的利用，农业生产环境出现恶化的现象，尤其在集体经济完全瓦解的贫困乡村。发展循环农业，号召农民加入循环农业生产，除依靠农民自身的觉悟及个体积极性以外，还须通过农村社区、乡村集体以及农民自己的合作组织，建立一套激励机制与规章制度，把农民群众吸引到循环经济的发展道路上来。

一是建立村规民约，实行环境保护责任制，规范村民的生产生活行为，增强广大农民群众的生态意识，引导他们进行积肥还田，对生产生活废旧物品进行分类收集和处置，使人人养成良好的生产生活习惯，推进农村循环型社会形成；二是设立乡村社会收旧利废中心或回收站，对乡村居民废弃物进行有偿回收利用；三是设立乡村社区循环农业技术服务社，推进循环农业技术入户，为村民提供循环技术利用辅导；四是在物质和精神上，对努力实践资源循环利用的村民进行激励，给予他们一定的生产、生活、养老、医疗、设施建设投入等补助；五是投资乡村基础设施建设，资助村民兴建沼气池、地头水柜以及太阳能、风能、水能、地热等节能设施，科学地进行改水、改厨、改厕，推动广大乡村居民充分利用生产和生活人力、财力、物力资源以及时间、空间，建设新村，改变旧貌。

（四）完善农业循环经济技术推广服务体系

农业循环经济科技推广体系对于农业新技术的大面积推广应用所起的作用是无可替代的，

进一步推动循环农业科技进步，必须对农业技术推广服务体系进行优化，完善其农业技术推广功能，促进农业科技成果向农业生产力的转化。循环农业科技推广体系具有不可替代的公益性职能，承担着农业科技成果转化、实用技术推广应用和指导、组织农业标准化生产、推动无公害及绿色食品发展、加强农业质量检验监测以及开展农民素质培训等重要职能，是实施科技兴农战略的主要载体和推进农业技术成果产业化的基本力量。由政府建立一支履行公益职能的推广队伍，是我国循环农业技术成果产业化的客观需求，也是各国农业发展的共同经验。因此，应首先强化政府事业单位作为循环农业技术推广主体的作用，在此基础上建立健全由科研部门、高等院校、科技企业、农民合作组织、科技示范户等多个主体共同构筑的多元化农业科技推广网络体系。

第四节　农业的产业化经营

农业的产业化经营其实质就是用现代科技改造传统自给自足的小农业，用管理现代工业的办法来组织现代农业的生产和经营。农业产业化经营必须是以家庭联产承包责任制为依据，以农户为基础；以国内外市场为指向标，运用市场自有机制调节农业生产；以经济效益为中心，不仅要提高农业产业化经营组织的经济效益，更要带动农户的经济增长，通过规模化经营，使双方都获得规模经济；依靠龙头企业或中介组织的带动作用，将农业再生产过程中的产前、产中、产后诸个环节形成一条产业链，建立一个"利益共享，风险共担"的完整农业产业经营体系的农业产业组织形式和经营方式。

一、农业产业化经营的兴起

（一）农业产业化经营是社会主义市场经济发展的必然产物

第一，农业生产向广度、深度发展，必然要求优化农业资源配置，提高农业生产要素的利用率。优化资源配置，就是在工农业之间、地区之间、农业主体之间配置有限的资源。资源配置得好，农业生产效率就高，生产发展就快；反之，效率就低，发展就慢。农业产业化就是遵循市场经济规律，以国内外市场为导向，利用深层机制优化配置资源，最大限度地发挥农业资源的效益。

第二，农业产业化经营就是在经济价值规律的作用下，合理配置城乡资源，促进深层要素的优化组合，从而通过产业统筹，推进城乡经济社会统筹协调发展，推进农村城镇化进程。产业链各主体之间合理利用各种资源，节约人力、财力是提高资源利用率和劳动生产率的有效途径。

第三，农业专业化分工需要进行农业产业结构调整，从而推进农业产业化经营的形成。在市场经济体制下，农业企业要对投资的最终效果负责，这就迫使决策者必须深入市场调查，密切注视市场动态，根据市场需要来决定投资的方向和规模。作为宏观管理者的政府，也是根据市场供求关系变化的信息来制定调控政策和措施，使调整的决策易与实际市场相吻合，这就可以有效地减少和避免产业发展的盲目性，使农业产业结构大体上能保持动态的协调平衡，从而推进农业内部专业化生产的提高，进而推进农业产业化经营的发展。

第四，农业向现代化迈进，呼唤组织制度创新，社会生产力的发展和进步客观上要求社会生产方式的不断调整和变化。农业产业化经营是适应市场经济发展要求的农业生产经营组织形式和制度的进步，是社会生产力和生产关系矛盾运动的必然结果。

（二）农业产业化经营是产业发展的必然趋势

经济发展的重要前提是产业结构优化，而产业结构优化需要具备两个基础条件，一是产业结构优化设置应适应其自身的演进规律，二是产业结构优化调整应以其自身变化趋势为基础。产业结构从低级到高级演化是在特定条件下存在的一种必然发展趋势。

长期以来，农业之所以属于弱质产业，是因为农业仅限于从事初级产品生产，滞留隐患性失业即剩余劳动力过多。农业产业化经营通过发展集约高效的种养业、农产品加工业和运销业，延伸和扩展产业链可以吸纳相当多的农村劳动力就业，创造价值，增大农产品附加值。同时，城市里的农产品加工业及其他劳动密集型产业向农村转移，为农村发展第二、第三产业提供更多的机会。乡镇企业以着重发展农产品加工业和运销业为战略方向，适当集中并与小城镇建设相结合，从而形成众多强有力的经济增长点，转移更多的农业劳动力。在相同条件下，农业占用劳动力越少，农业劳动生产率就越高，这是现代农业发展的一般规律。现代科学技术普遍地运用于一体化系统再生产的全过程，使农业生产率增长超过工业生产率的增长，大大提高了农业的相对效益，为农业由弱质产业向强势产业转变创造了广阔的空间和现实的前景。各地先行者取得的良好绩效，以雄辩的事实证明农业产业化经营是高效益的，农业可以转变为强势产业。产业发展理论给农业产业化经营发展提供的理论依据是：农业产业化经营是推进农业由低级向高级进步的重要手段，产业的发展规律要求农业产业化经营必须站在现代经济的角度发展农业。

（三）农业产业化经营是农村改革与发展中矛盾冲突的必然结果

由于农业产业化经营发端于农产品"卖难"，根源在于农产品流通体制，所以，分析农业产业化经营要从农产品流通体制剖析入手。

中华人民共和国成立以来，我国的农产品经过短短几年的自由购销形式之后，政府相继提出统购统销、合同派购、议价收购等政策。实际上，在新中国成立以后的很长时间内，国家一直把统购、议购、派购作为农产品收购的基本形式，再加上国家统一销售、调配农产品，这就形成了传统农产品的产销形式。

这种高度集权的农产品购销政策是国家在特殊的历史背景下采取的特殊政策，对于国家掌握必要的物资、稳定市场物价、保障人民生活的基本需要和进行社会主义建设都发挥了重要的积极作用。但由于这种购销体制违反了自愿原则和等价交换原则，不利于发挥他们的主观能动性。

党的十一届三中全会以来，农村普遍推行家庭联产承包责任制，重建了农户经济，确立了农户作为农村市场经济微观主体的地位。这极大地解放了农村生产力，使中国农业实现了巨大的飞跃。同时，农产品统派购制度已缺乏存在的基础，成为约束农村经济发展的一个因素。购销体制改革成为国家的必然选择。国家经历了一系列改革，到1992年以后农产品购销全面进入市场化的新阶段，农产品购销政策和形式形成了以市场购销为主、合同定购为辅的新格局。1998年开始，全国取消合同定购，对粮食收购实行保护价制度，敞开收购。但随之也发现了新的问题：与农村经济市场化程度的提高、农产品消费市场的扩大以及农户生产组织的日趋健全和稳定相对照，农产品流通主体结构的改革还是大大滞后于生产经营制度的变革和消费结构的转换，也滞后于商品流通体制中价格体制和购销体制等方面的改革。这种滞后性集中表现为两大问题：一是千家万户分散的小生产和越来越连通一气的大市场之间的矛盾，真正能代表农民利益把农户和市场连接在一起的流通中介组织不足，在很大程度上是农民自己去销售自己的农产品。再者，由于传统农业以追求高产为目标，对农产品的市场需求及与此相联系的产品质量和经济效益考虑不够，加上农作物集中产出与均衡消费的内在矛盾，随着农产品供给形势的好转和社会需求结构的变化，农产品的产销矛盾变得日益突出。农户面对瞬息万变的市场，始终无法摆脱"买难""卖难"问题的交替困扰。二是农业的生产率和比较效益都较低，使农业在整个市场竞争中处于弱势地位。集中表现在农业生产方式落后，对农业的资金、技术投入不足，产品科技含量低，多数农产品还处于卖原料阶段，加工增值利润外溢，产业链条短，难以形成专业化生产。农业增产不增收，阻碍着我国农业和农村经济整体地继续向前推进。

为有效解决上述问题，必须有一种符合社会主义市场经济要求的能够整体推进农业和农村经济改革与发展的思路。一方面，为了增强农户抵御自然和市场双重风险的能力，除对原有的流通系统进行改造重组、打破其封闭性、增强开放程度外，还必须培育新的流通组织，把分散的家庭经营同集中的市场需求有机联系起来，引导、组织和带动农户进入市场，帮助农户克服自然风险和市场风险，促进小生产向社会化生产转变。另一方面，必须创造一种崭新的经营方式，把分散的小规模生产与健全的社会化服务结合起来，以形成不改变家庭经营格局的规模经营和规模效益；把传统的生产方式与现代的科学技术融合起来，以加速农业现代化进程；把农产品生产与农产品加工、运销联结起来，以提高农业的综合效益增加农民收入。在这样的背景下，农业产业化经营应运而生。它是我国农村的又一个伟大举措，在农业生产、流通、增产、增收等方面发挥了巨大作用。

二、农业产业化经营存在的主要问题

从总体上看，我国农业产业化经营还处于初期阶段，制约农业产业化发展的因素还不少，主要表现在五个方面：

（一）龙头组织整体竞争力不强

一是规模小，竞争力不强。目前，我国农业产业化经营组织中销售收入 500 万元以下的占 40% 左右。二是加工率低，粗加工多，精深加工少，项目单一、趋同，低水平重复建设，农业产业链条短。三是农产品加工增值少，我国为 0.8 ∶ 1。四是装备落后。我国农产品加工企业的技术装备水平 80% 处于 20 世纪 80 年代的世界平均水平，15% 左右处于 90 年代水平，只有 5% 达到国际先进水平。五是龙头企业实力弱，牵引力不强，辐射带动面小，尚有 63%的农户未参与农业产业化经营。

（二）参与农业产业化经营的程度低

全国还有近 2/3 的农户未能通过参与农业产业化经营增加收入。农民专业合作经济组织发展缓慢，聚合效应差，中介桥梁作用没有得到很好的发挥。目前加入各类合作组织的农户不到全国农户总数的 5%，且其中有 50% 以上的农民专业合作经济组织是没有产权关系的松散型自我技术服务性团体，难以适应市场经济发展的经济全球化趋势。

（三）运行机制不完善

在农业产业化经营组织系统内，管理不规范，相当多的龙头企业产权关系不明晰，龙头企业中一股独大十分普遍。龙头企业与农户的利益机制不健全，利益分配不合理，多数农户仍只享有出售原料的收入，而未享受农产品加工增值的利润，毁约现象时有发生。企业直接面对小规模分散经营的众多农户力不从心，而千家万户农民与企业合作常常处于不利的交易地位。

（四）政府扶持力度不够

农业产业化经营是关系到农村经济能否大发展的一场革命。它既是一个农村社会生产力配置和布局问题，又是一个农村经济的组织形式问题；既涉及生产力，又涉及生产关系。农业产业化经营组织是幼小的产业组织，要求打破地域、行业、所有制的界限，对农村生产力配置进行重新组合和优化配置，这样大的一个系统工程，没有政府的正确引导和有力扶持是难以发展壮大的。政府对农业产业化经营的支持力度不够，特别是财政、金融方面的支持不大，对农业产业化经营组织的指导方式不适应市场经济的要求，在工作指导和服务上还存在着部门分割、地域分割、管理体制不顺等问题。

（五）农业产业化经营人才短缺

科学技术是第一生产力，科教兴农是我国实现农业现代化的根本途径和最佳选择，也是农业产业化经营的又一重要支撑。农业产业化经营是由传统农业向现代化农业转变、粗放经营向集约经营转变的重要组织形式，它的每一步发展都离不开科技进步和教育的支撑，而要使科学技术转化为生产力，使科研成果得以尽快推广，都离不开高素质人才。而我国目前的农民素质状况却影响了科技进步的步伐。我国农业劳动力中，大专以上文化程度的仅占 0.05%，高中毕业的占 4.45%，初中毕业的占 28.15%，文盲、半文盲高达 22.25%。这一状况就使得我国农业先进技术推广受到很大的制约，主要表现在重大科技成果转化率低，农业生产经营呈粗放型增长，农产品的品质差，竞争力弱等。

三、农业产业化经营的运作规律及国际经验

总结国外农业一体化发展历程，分析各种不同类型的发展模式，一些基本经验和共同规律值得我国借鉴和参考。

（一）国外农业一体化发展的条件

国外农业一体化的发展是有条件的，它是生产力发展到一定阶段的产物。这些条件包括以下几个方面：

1. 市场经济是农业一体化发展的体制条件

在一体化的体制中，市场体制主要在以下三个方面发挥基础作用：

（1）通过市场调节生产要素的优化组合。分布在城乡之间、工农之间以及各种所有制实体中的生产要素，在利益驱动下借助"市场"这个载体发生流动和重新组合，再造市场的微观基础，形成新的经济增长点，在经济增量的增值作用下，推动农村经济以及国民经济的迅速发展。

（2）通过市场体系衔接产销关系。一体化经营打破了地域、行业和所有制等壁垒，以市场为纽带，把初级产品的生产、加工和销售诸环节联系起来。各方面在结构和总量上都能有规则地照应起来，从而提高农村经济增长的质量和经济运行的稳定性。

（3）通过市场机制来调节各方面的既得利益，从根本上扭转"生产亏本，流通赚钱"的不合理分配格局。

2. 社会生产力发展水平是农业一体化发展的生产力条件

由于社会生产力发展到一定的水平，社会分工分业进一步细化，产业间的相互联系、相互依赖性进一步增强，协作、联合的重要性显得更加突出，从而产生了对农业一体化的强烈需要。农产品加工业和农产品购销成为独立的产业部门，现代技术装备和管理知识的广泛运用，为农业一体化发展提供了必要的物质技术基础。农业生产专业化、社会化、规模化、集约化是农业一体化最根本的内在条件，其中起关键作用的是农业专业化。随着农业生产力的不断发展，专业分工的不断细化，农业不仅与产前阶段和产后阶段的联系越来越紧密，而且内部分化出越来越多的行业和部门，彼此之间相互紧密衔接，从而形成一个包括从农用生产资料的生产和供应链到农业生产全过程，再到收购、储运、加工、包装和销售各个环节在内的有机体系，组成产业组织生态系统，并通过规范运作形成良性循环。

规模化、集约化生产必然是农业一体化发展的必备条件。如果没有这一条，产品形不成批量规模，就会因为交易成本高、组织成本高、竞争力弱而难以在现代市场上站住脚跟，更难以加入农业一体化的社会化大生产中去。

至于农业生产专业化（包括区域专业化、部门专业化、生产经营单位专业化和工艺专业化），在农业一体化中更具有核心作用。这是因为它不仅从根本上极大地密切了有关企业的联系，而且它能把各个生产单位分散的小批量生产转化成专门行业的大批量生产，从而大大提高生产率。这对于采用专用机械设备和先进工艺提高农业的规模化和集约化程度极为便利。

3. 农业生产的自然特性和农产品的生物特性是影响农业一体化发展的重要因素

在同样的市场经济条件和生产力水平下，为什么农产品对产加销一条龙的要求比工业品强烈？原因在于农业再生产的自然特性：第一，农业不仅要承担市场风险，而且要承担自然风险，加上农业在劳动生产率上与工业的客观差别的历史积淀，单纯农业生产天生具有弱质性，这就要求必须对农业生产进行特殊的保护和倾斜扶持；第二，农业具有生产周期长、市场供应量调整滞后的特点，而农产品需求是长年不断、瞬息万变的，这就增加了供需衔接的难度，一旦发生供需失调情况，将导致波动期长、波幅大，使生产和市场风险增强；第三，农业生产具有分散性特点，空间跨度大，而商品化消费往往相对集中，独立的小生产者和经营者难以做到产、加、销的有效衔接。所有这些都使得农产品比工业品更强烈地要求农业开展一体化经营，通过加大三大产业间的组织协调力度，维护农业再生产的持续发展。

同样是农产品，为什么有的产品一体化程度高，有的产品一体化程度低？原因在于农产品的生物特性：首先是生鲜产品，易腐易烂，保鲜期短，从生产出来到最终消费必须在极短的时间内完成；其次是活销产品，受生物成长规律的制约，有特定的适宜产出时间，而这一时间与市场需求时间并不总是一致。当市场供不应求时，适时产出，就会卖得快，卖个好价钱；而当市场供过于求时，产品就会出现卖难，价格下跌；如果为适应市场晚产出、超期饲养，又会造成亏损运行。因此，对于鲜活产品，促进产加销紧密结合、避免多环节周转、缩短流通时间、加快信息反馈速度、及早应变调整具有十分重要的意义。这就是鲜活农产品的一体化程度往往高于其他农产品的原因所在。

同一种农产品系列，为什么有的品种一体化程度高，有的品种一体化程度低？原因在于这种农产品的内在特质不同。农产品的标准化生产是从工业生产引来的新概念，虽然农产品的标准化程度可能永远赶不上工业品，但为了适应农产品加工和消费的特定需求，在现代科学技术的支撑下加快了农业生产标准化的进程。科技的突出贡献在于培育出了一批具有特定内在品质的优良作物品种，即在特定的蛋白质和油料成分含量等方面不同于一般谷物，且生产过程也与众不同。比如含油料成分多的油菜籽、加工用的低农药大豆、在加工阶段可以减少砂糖使用量的小麦，还有保存时间长的土豆等。由于这些产品有特定用途，生产成本一般比较高，在生产之前决定加工方式和发货对象，实施一体化经营比一般谷物具有特别的重要性。

4. 市场经济体制的确立是农业一体化发展的体制基础，而"非市场安排"则是必不可少的制度条件

农业一体化必须建立在市场经济体制的基础上，并不是说计划作为一种调节手段没用了，农业一体化内部的"非市场安排"仍然是必不可少的制度条件。

由于农业的自然再生产特点和农产品需求弹性较低，一、二、三次产业间的劳动生产率差别客观存在，农业难以获得社会平均利润率，产业之间的矛盾日益激化，农产品价格不稳、经济危机困扰着所有企业。面对这些问题，自由经济学一筹莫展。这时以凯恩斯为代表的一批经济学家提出了实行混合经济体制的理论，主张国家干预农业，承认非市场安排。事实也是这样，农业一体化最初都是在抗御中间资本剥削的旗帜下组织发展起来的。在一体化内部也正是通过一定程度的非市场安排，协调三大产业之间的关系，实现利益的合理分配，从而塑造一体化长久发展的合理模式。

5. 市场需求是农业一体化发展的又一重要影响因素

农业一体化基本上是在农产品供应丰富以后的经济现象，发展的关键因素在于农产品的市场需求，即市场需求决定着农业一体化的发展速度和程度。没有充分的市场需求，一体化经营就无利可图，更谈不上利益在产业间的合理分配，"农业一体化"这列火车就会因为缺乏动力而跑不起来。市场需求取决于消费需求，消费需求多样化的迅速发展能为农业一体化发展提供广阔的市场空间。20世纪80年代中期，速冻食品成为新明星;进入20世纪90年代，方便、营养、美味的新型食品迅速流行，保健食品、绿色食品逐步兴起。消费结构的趋新和消费市场的变化对农产品深精加工、系列开发提出了更加迫切的要求，从而为延长产业链、发展农业一体化提供了强大的发展动力。

（二）农业一体化发展的一般规律

农业一体化进程受农产品的生物特性和市场需求等多种因素影响。纵观发达国家农业一体化的发展过程，可以总结出它的发展规律，即农业一体化的发展路线是农业生产专业化—规模化—产业化。

农业专业化包括地区专业化、部门专业化、企业专业化和环节专业化。地区专业化是指在一个地区专门生产某种或几种农产品，也就是要依据经济效益原则，在空间上合理配置农业资源，充分发挥各地区的自然条件和经济条件。农业部门专业化指在某一地区或企业内以专门生产某种或某几种农产品作为主导部门，重点发展。主导部门代表一个地区或企业的发展重点、发展方向。产品专业化和工艺专业化是在部门专业化的基础上发展起来的，是专业化的高级阶段。农业专业化与规模化经营相辅相成。专业化把多种经营条件下各个生产单位分散的小批量生产转换成专门企业的大批量生产，这就有利于采用专用机械设备、先进工艺及科学的生产组织形式与管理方式，进而增加产品产量和降低成本，发挥农业规模经营的经济效益。伴随着农业生产专业化程度的提高和农业经营的规模化生产，客观上要求发展工业、商业、运输业和各种服务业，并实行农工商综合经营或农业一体化。因为专业化大大密切了农业与其关联产业的联系，如果不同它的前后作业保持衔接，它的生产、经营就会中断。此外，大规模的商品生产要以大规模的市场容量为前提，而市场对初级农产品的需求弹性是很低的，只有通过延长产业链，不断对农产品进行多层次的深加工和精加工，才能扩大市场需求，增大市场容量，提高产品附加值，从而增加农民收入。由此可见，规模化的商品经济发展过程，也就是由多种经营到混合的部分专业化，再到单一的生产高度专业化过程。这个过程表明农

业专业化发展到一定的程度，必然造成农工商一体化经营形式的出现。这是符合农业生产关系的发展规律变化的。

（1）农业一体化受生产力发展水平的制约，在地域上一般遵从由经济发达国家（地区）到次发达国家（地区）再到欠发达国家（地区）的递进次序。

（2）在同等条件下，受农产品生物特性和市场需求弹性的影响，农业一体化在行业上一般遵从由畜牧水产业（特别是乳业）到果菜业，再到大田作物的递进次序。

（3）受农产品内在品质的影响，对于同一种农产品，农业一体化一般遵从由特质品种向一般品种的递进次序。

（4）农业一体化的演进方向是一体化程度由低到高不断向前推进，这是由生产力由低到高、社会分工由粗到细的发展走向所决定的。

（5）农业一体化的系统功能大于每一部分单独功能的简单相加，形象地讲就是"1+1+1 > 3"。农业一体化、产加销一条龙不是几个单元的简单相加，而是一个相互联系、相互衔接的协作系统，各联合单位之间过去的自由买卖、相互割裂关系日益被一种有组织、有计划、相对稳定的市场关系所代替。这种体制通过内部统筹安排，不仅减少了中间环节、降低了交易费用，而且能够扩大生产要素的优化组合范围，实现优势互补，提高资源配置效率，从而产生整合和协同效应。

（三）农业产业化经营的国际经验和启示

农业一体化在市场经济发达国家有 50 多年的发展历程，它是西方国家改造传统农业的有效形式。在它们的实践中，有许多经验值得我国借鉴。

1. 在农村中发展农业一体化

世界各国在农业一体化发展过程中，都尽可能地把农业的产前、产后服务部门建在农村，并在村镇建立一体化公司或合作社。一些产前、产后企业通过农业的中间消费来影响农业，通过它们组织培养农民与农业生产标准化和商品化；通过它们把广大农村与城市连接起来，推进城镇化；通过它们促进农业市场化和科学化，使农民完成从单凭经验到相信科学，从盲目生产到产供销协调发展的全面转变。

2. 在调整农业结构中推进农业一体化

在市场需求拉动下，西方发达国家建立了以畜牧业特别是以奶牛饲养业为主的产业结构，由于饲养业的产业关联效应强，有力地带动了种植业和食品加工业的发展，并使食品加工业成为农业一体化中最重要的工业部门。

3. 在形式多样的载体中推进农业一体化

农业一体化的组织形式不能一味追求农工商完全的垂直一体化。在多数部门，按产品加工的产业链条扩展产业化经营组织，并按合同生产是主要且比较有效的形式。

4. 在强化农业社会化服务中推进农业一体化

在发达国家产业一体化中，农业社会化服务是重要的一环。一体化经营中的农业社会化服务一般是通过合同方式稳定下来的紧密性服务，而且，无论公司、企业或者是合作社都在使农业服务向综合化发展，即将产前、产中和产后各环节服务统一起来，形成综合生产经营服务体系。在农工商综合体系中，农业生产者一般只负责某一项或几项农业生产作业，而其他的工作都由综合体提供的服务来完成。

5. 在政府的政策引导中发展农业一体化

工业化各国政府在农业一体化发展中充当了重要角色，起到积极的推动作用。各国政府作为政策制定者、市场经济的维护者，按着各自既定的政策目标，实施针对性的措施、规划等，实现了不断改善农业经营、提高农民收入的目的。

6. 建立一个合理的农业产业化经营管理体制

把农业生产、加工、销售相关联的一、二、三次产业集中起来建构一系列优化的经济组合，以扩展农产品转化增值，提高农业比较效益，这是一体化经营的实质。它涉及多个产业部门、多种类型的企业、工农关系、城乡关系等，是一个很复杂的体系，能否顺利发展取决于彼此间的互相协调、促进。同时，产业间、部门间、企业间的资源配置受价格机制调控，政府能否通过政策倾斜、协调计划与统一管理，对推动一体化农业的发展十分重要。因此，应建立与现代市场经济发展相适应的农业产业化经营的管理体制，包括农用物资制造和供应、农业生产、农产品收购、储藏、保鲜、加工和综合利用，以及农产品和加工品的销售、出口等统一的一体化管理体系及其相应的政府上层和基层管理体制。

第三章 积极构建新型农业经营体系

第一节 新型农业经营体系内涵

一、新型农业经营体系的概念

新型农业经营体系是与以一家一户的家庭为单一农业生产经营主体的原有农业经营体系相对应的一种新农业经营体系，是对农村家庭联产承包责任制的一种创新与发展。具体而言，新型农业经营体系是指大力培育发展新型农业经营主体，逐步形成以家庭承包经营为基础，专业大户、家庭农场、农民合作社、农业产业化龙头企业为骨干，其他组织形式为补充的一种新型的农业经营体系。

二、新型农业经营体系的特征

新型农业经营体系是集约化、专业化、组织化和社会化四个方面有机结合的产物。

（一）集约化

集约化是相对于粗放化而言的一种经营体系。新型农业经营体系将集约化作为其基本特征之一，一方面顺应了我国现代农业集约化发展的趋势，另一方面正是为了消除近年来部分地区农业粗放化发展的负面影响。在新型农业经营体系中，集约化包括三个方面的含义：一是单位面积土地上要素投入强度的提高；二是要素投入质量的提高和投入结构的改善，特别是现代科技和人力资本、现代信息、现代服务、现代发展理念、现代装备设施等创新要素的密集投入及其对传统要素投入的替代；三是农业经营方式的改善，包括要素组合关系的优化和要素利用效率、效益的提高。农业的集约化发展，有利于增强农业产业链和价值链的创新能力，但也对农业节本增效和降低风险提出了新的更高层次的要求。推进农业集约化，往往是发展内涵型农业规模经营的有效途径。

（二）专业化

专业化是相对于兼业化，特别是"小而全""小而散"的农业经营方式而言的，旨在顺应发展现代农业的要求，更好地通过深化分工协作促进现代农业的发展，提高农业的资源利用率和要素生产率。从国际经验来看，现代农业的专业化实际上包括两个层面：第一，农业生产经营或服务主体的专业化。如鼓励"小而全""小而散"的农户家庭经营向专业化发展，形成"小而专、专而协"的农业经营格局。结合支持土地流转，促进农业生产经营的规模化，发展专业大户、家庭农场等，有利于推动农业生产经营的专业化。培育信息服务、农机服务等专业服务提供商，也是推进农业专业化的重要内容。第二，农业的区域专业化，如建设优势农产品产业带、产业区。从国内外经验来看，农业区域专业化的发展可以带动农业区域规模经济，是发展区域农业规模经营的重要途径。专业化的深化，有利于更好地分享分工协作效应，但也对生产和服务的社会化提出更高层次的期许。

（三）组织化

组织化主要是与分散化相对应的，包括三个方面的含义：第一，新型农业生产经营主体或服务主体的发育及与此相关的农业组织创新。第二，引导农业生产经营或服务主体之间加强横向联合和合作，包括发展农民专业合作社、农民专业协会等，甚至支持发展农民专业合作社联合社、农产品行业协会。第三，顺应现代农业的发展要求，提高农业产业链的分工协作水平和纵向一体化程度。培育农业产业链核心企业对农业产业链、价值链的整合能力及其带动农业产业链、价值链升级的能力，促进涉农三次产业融合发展等，增进农业产业链不同参与者之间的合作伙伴关系，均属组织化的重要内容。

（四）社会化

社会化往往建立在专业化的基础之上。新型农业经营体系将社会化作为其基本特征之一，主要强调两个方面：一是农业发展过程的社会参与，二是农业发展成果的社会分享。农业产业链换个方面来看，也是农产品供应链和农业价值链。农业发展过程的社会参与顺应了农业产业链一体化的趋势。近年来，随着现代农业的发展，农业产业链主要驱动力正在呈现由生产环节向加工环节以及流通等服务环节转移的趋势，农业生产性服务业对现代农业产业链的引领支撑作用也在不断增强。这些方面均是农业发展过程中社会参与程度提高的重要表现。农业发展过程的社会分享不仅表现为农业商品化程度的提高，而且表现为随着从传统农业向现代农业的转变，农业产业链逐步升级，并与全球农业价值链有效对接。在现代农业发展中，农业产业链消费者主权的强化和产业融合关系的深化，农业产前、产后环节利益主体参与农业产业链利益分配的发展，以及农业产业链与能源产业链、金融服务链的交融渗透，都是农业发展成果社会分享程度提高的重要表现。农业发展过程社会参与和分享程度提高，增加了提高农业组织化程度的必要性和紧迫性。因为通过提高农业组织化程度，促进新型农业生产经营主体或服务主体的成长、增进其相互之间的联合和合作等，有利于保护农业生产环节的利益，避免农业产业链的利益分配过度向加工、流通、农资供应等产前、产后环节倾斜，有利于保护农业综合生产能力和可持续发展能力。

在新型农业经营体系中，集约化、专业化、组织化和社会化强调的重点不同。集约化和专业化更多地强调微观或区域中观层面，重点在于强调农业经营方式的选择。组织化横跨微观层面和产业链的中观层面，致力于提高农业产业组织的竞争力，增强农业的市场竞争力和资源要素竞争力，影响利益相关者参与农业产业链利益分配的能力。社会化主要强调宏观产业方面，也是现代农业产业体系运行的外在表现，其直接结果是现代农业产业体系的发育。在新型农业产业体系的运行中，集约化、专业化、组织化和社会化应该是相互作用、不可分割的。它们是支撑新型农业经营体系"大厦"的"基石"，不可或缺。

第二节　新型农业经营主体

一、专业大户

（一）专业大户的内涵

1. 大户

在认识专业大户之前，先了解一下"大户"的内涵。"大户"原指有技术、会经营，勤劳致富的人家。这些人家与农业联系后，大户的定义就超出了原来的定义范围，其农业经营形式更加广泛。

目前，人们对"大户"的称呼或提法不尽相同，大体有以下几种情况：一是龙头企业，一般是指以从事农副产品加工和农产品运销为主的大户；二是庄园经济，一般是指丘陵山区专业化种养大户和"四荒"治理大户；三是产业大户，主要是指通过"四荒"开发形成主导产业，进行综合经营的大户；四是农业经营大户，泛指从事种植、养殖、加工、销售、林业、水产生产经营的大户；五是农业产业化经营大户，与第四种提法基本相同。相比较而言，"大户"的提法涵盖面广，符合现代经营的概念，贴切事物的本质。这里有一个龙头企业与"大户"两个提法的关系问题，往往有人问："大户"不就是龙头企业吗？可以说，"大户"都是"龙头"，但"龙头"不一定都是企业。农业产业化经营中的龙头企业，一般都是农副产品加工和运销企业，而"大户"包括种植、养殖、加工、销售等各类经营大户，其中有的还没有升级为企业，有的原本就是注册企业。所以，是否一个企业，并非"大户"的一般标准，而是"大户"发展过程中的一个较高阶段的标志。农业产业化经营中的龙头企业是"大户"的一种高级形式，判断"大户"的主要标准，要看它是否具有示范、组织和带动功能。

2. 专业大户

专业大户是新型农业经营主体的一种形式，承担着农产品生产尤其是商品生产的功能，以及发挥规模农户的示范效应，注重引导其向采用先进科技和生产手段的方向转变，增加技术、资本等生产要素投入，着力提高集约化水平。

专业大户包括种养大户、农机大户等。种养大户，通常指那些种植或养殖生产规模明显大于当地传统农户的专业化农户，是指以农业某一产业的专业化生产为主，初步实现规模经营的农户。农机大户是指有一定的经济实力、在村中有一定的威望和影响，并有一定的农机化基础和农机运用管理经验的农机户。

专业大户的特点一般表现为六方面：一是自筹资金的能力较强，能吸引城镇工商企业积累和居民储蓄投入农业开发；二是产业选定和产品定位符合市场需求；三是有适度的经营规模；四是采用新的生产经营方式，能组织和带动农民增收致富；五是生产产品的科技含量较高；六是产品的销售渠道较稳定，有一定的市场竞争力。

与传统分散的一家一户经营方式相比，专业大户规模化、集约化、产业化程度高，在提高农民专业化程度、建设现代农业、促进农民增收等方面发挥的作用日益显著，为现代农业发展和农业经营体制创新注入了新活力。专业大户凭借较大的经营规模、较强的生产能力和较高的综合效益，成为现代农业的一支生力军。

（二）专业大户的标准

目前，国家还没有专业大户的评定标准。各地各行业的认定标准都是根据本地实际来制定的，具有一定的差别。但是划定"专业大户"的依据是相同的，主要看其规模。其计量单位分别是种植大户以亩数计，养殖大户以头数计，农产品加工大户以投资额计，"四荒"开发大户以亩数计。这样划定既是必要的，又是可行的。以下举例河北省唐山市和江西省赣州市对专业大户所做的统计标准。

1. 唐山市专业大户标准

（1）粮棉油种植大户。规模标准：经营耕地面积 666000 平方米及以上。生产标准：耕种收全部实现机械化，标准化生产和高产栽培技术应用面积、作物优种率均达到 100% 以上，有仓储设备设施，商品粮率 85% 以上。质量安全标准：使用有机肥等生物质肥料，无公害、绿色、有机生产面积占播种面积的 80% 以上，农产品质量符合国家质量标准。

（2）蔬菜种植（食用菌栽培）大户。规模标准：露地蔬菜集中成片经营面积 33300 平方米以上，设施棚室蔬菜集中成片经营 2 万平方米以上，食用菌年栽培规模 10000 ~ 50000 袋。质量安全标准：根据无公害、绿色、有机生产技术规程实行标准化生产，产地环境检测合格，产品符合无公害、绿色或有机食品要求。

（3）畜牧业养殖大户。规模标准：生猪常年存栏 1000 头以上，奶牛存栏 300 头以上，蛋鸡存栏 1 万只以上，肉鸡年出栏 5 万以上，肉牛年出栏 500 头以上，肉羊年出栏 500 只以上。生产标准：取得动物防疫条件合格证、畜禽养殖代码证，在县（市）区畜牧兽医行政主管部门备案，按照有关要求建立规范的养殖档案。质量安全标准：场区有污染治理措施，完成农牧、环保的节能减排改造。

（4）水产养殖大户。规模标准：建成池塘养殖面积 39960 平方米以上；温棚、工厂化车间等养殖设施面积 3000 平方米以上；海水标准化深水网箱养殖 200 箱或 3000 平方米以上；其他养殖方式水产品年产量 200 吨以上。生产标准：持有水域滩涂养殖证，工厂化养殖场同时有土地使用证或土地租赁合同；全程无使用禁用药品行为；生产操作规范化，有水产养殖生产、用药和水产品销售记录；名特优养殖品种率 70% 以上。

（5）农机大户。拥有 80 千瓦以上大中型动力机械和配套机具，固定资产总值 20 万元以上，从事农机作业社会化服务，年农机服务纯收入 5 万元以上，农机服务纯收入占家庭年纯收入 50% 以上；农业机械科技含量高、能耗低。

（6）造林大户。规模标准：山区造林面积不少于 399600 平方米，平原造林面积不少于 240000 平方米；工程造林苗木栽培面积不少于 133200 平方米，园林绿化苗木栽培面积不少于 66600 平方米，设施花卉栽培净面积不少于 7000 平方米。

（7）果品大户。规模标准：水果栽培面积不少于 33300 平方米，干果栽培面积不少于 66600 平方米，设施果品栽培净面积不少于 7000 平方米。栽培管理标准：依据无公害、绿色或有机果品生产方式组织生产。

2. 赣州市专业大户标准

对各类农业种养大户的认定，赣州市确定了相关标准。

（1）种粮大户。年内单季种植粮食（水稻）面积 66600 平方米及以上。

（2）经济作物种植大户。果树种植大户，种植经营果园面积 66600 平方米及以上；蔬菜种植大户，年内种植蔬菜面积 13320 平方米及以上，且当年种植两季以上；白莲种植大户，年内种植白莲面积 13320 平方米及以上；西瓜种植大户，年内种植西瓜面积 13320 平方米及以上；食用菌种植大户，年内种植食用菌 10 万袋及以上；茶叶种植大户，种植茶叶面积 33300 平方米及以上。

（3）畜禽养殖大户。生猪养殖大户，生猪年出栏 500 头以上；肉牛养殖大户，肉牛年出栏 50 头以上；奶牛养殖大户，奶牛存栏 10 头以上；养羊大户，羊年出栏 300 只以上；肉用家禽养殖大户，肉鸡年出栏 5000 羽以上、肉鸭年出栏 5000 羽以上、肉鹅年出栏 2000 羽以上；蛋用家禽养殖大户，蛋用家禽存栏 1000 羽以上；养兔大户，肉兔出栏 3000 只以上；养蜂大户，养蜂箱数 50 箱以上。

（4）水产养殖大户。一般水产池（山）塘养殖水面面积 13320 平方米及以上，年总产量 20 吨以上，年总产值 20 万元以上；特种水产池（山）塘养殖面积 6660 平方米及以上，年总产量 2.5 吨以上，年总产值 20 万元以上。

3. 专业大户的功能

专业大户是规模化经营主体的一种形式，承担着农产品生产尤其是商品生产的职能，以及发挥规模农户的示范效应，注重引导其向采用先进科技和生产手段的方向转变，增加技术、资本等生产要素投入，着力提高集约化水平。

二、家庭农场

（一）家庭农场的内涵

家庭农场是指在家庭联产承包责任制的基础上，以农民家庭成员为主要劳动力，运用现代农业生产方式，在农村土地上进行规模化、标准化、商品化农业生产，并以农业经营收入为家庭主要收入来源的新型农业经营主体。其一般都是独立的市场法人。

积极发展家庭农场是培育新型农业经营主体，进行新农村经济建设的关键一环。家庭农场的重要意义在于随着我国工业化和城镇化的快速发展，农村经济结构发生了巨大变化，农村劳动力大规模转移，部分农村出现了弃耕、休耕现象。一家一户的小规模农业经营，已凸显出不利于当前农业生产力发展的现实状况。为进一步发展现代农业，农村涌现出了农业合作组织、家庭农场、种植大户、集体经营等不同的经营模式，并且各自的效果逐渐显现出来。尤其是发展家庭农场的意义更为突出。家庭农场的意义具体表现在：一是有利于激发农业生产活力。通过发展家庭农场可以加速农村土地合理流转，减少了弃耕和休耕情况，提高了农村土地利用率和经营效率。同时，也能够有效解决目前农村家庭承包经营效率低、规模小、管理散的问题。二是有利于农业科技的推广应用。通过家庭农场适度的规模经营，能够机智灵活地应用先进的机械设备、信息技术和生产手段，大大提高农业科技新成果集成开发和新技术的推广应用，并在很大程度上能够降低生产成本投入、大幅提高农业生产能力、加快传统农业向现代农业的有效转变。三是有利于农业产业结构调整。通过专业化生产和集约化经营，发展高效特色农业，可较好地解决一般农户在结构调整中不敢调、不会调的问题。四是有利于保障农产品质量安全。家庭农场有一定的规模，并进行了工商登记，更加注重品牌意识和农产品安全，农产品质量将得到有效保障。

（二）家庭农场的特征

目前，我国家庭农场虽然起步时间不长，还缺乏比较清晰的定义和准确的界定标准，但是一般来说家庭农场具有以下特征：

1. 家庭经营

家庭农场是在家庭承包经营基础上发展起来的，它保留了家庭承包经营的传统优势，同时又吸纳了现代农业要素。经营单位的主体仍然是家庭，家庭农场主仍是所有者、劳动者和经营者的统一体。因此，可以说家庭农场是完善家庭承包经营的有效途径，是对家庭承包经营制度的发展和完善。

2. 适度规模

家庭农场是一种适应土地流转与适度规模经营的组织形式，是对农村土地流转制度的创新。家庭农场必须达到一定的规模，才能融合现代农业生产要素，具备产业化经营的特征。同时，由于家庭仍然是经营主体，受资源动员能力、经营管理能力和风险防范能力的限制，使得经营规模必须处在可控的范围内，不能太少也不能太多，表现出了适度规模性。

3. 市场化经营

为了增加收益和规避风险，农户的一个共同特征就是同时从事市场性和非市场性农业生产活动。市场化程度的不统一与不均衡是农户的突出特点。而家庭农场则是通过提高市场化程度和商品化水平，不考虑生计层次的均衡，而是以盈利为根本目的的经济组织。市场化经营成为家庭农场经营与农户家庭经营的区别标志。

4. 企业化管理

根据家庭农场的定义，家庭农场是经过登记注册的法人组织。农场主首先是经营管理者，其次才是生产劳动者。从企业成长理论来看，家庭农户与家庭农场的区别在于农场主是否具有协调与管理资源的能力。因此，家庭农场的基本特征之一就是以现代企业标准化管理方式从事农业生产经营。

（三）家庭农场的功能

家庭农场的功能与专业大户基本一样，承担着农产品生产尤其是商品生产的功能，以及发挥规模农户的示范效应，引导其向采用先进科技知识和生产手段的方向转变，增加技术、资本等生产要素投入，着力推进集约化水平。

三、农民合作社

（一）农民合作社的概念

《中华人民共和国农民专业合作社法》对农民专业合作社的定义是："农民专业合作社是在农村家庭承包经营基础上，同类农产品的生产经营者或者同类农业生产经营服务的提供者、利用者，自愿联合、民主管理的互助性经济组织。"

这一定义包含着三个方面的内容：第一，农民专业合作社坚持以家庭承包经营为基础；第二，农民专业合作社由同类农产品的生产经营者或者同类农业生产经营服务的提供者、利用者组成；第三，农民专业合作社的组织性质和功能是自愿联合、民主管理的互助性经济组织。

（二）农民合作社的特征

自愿、自治和民主管理是合作社制度最基本的特征。农民专业合作社作为一种独特的经济组织形式，其内部制度与公司型企业相比有着本质区别。股份公司制度的本质特征是建立在企业利润基础上的资本联合，目的是追求利润的最大化，"资本量"的多寡直接决定盈余分配情况。但在农民专业合作社内部，起决定作用的不是成员在本社中的"股金额"，而是在与成员进行服务过程中发生的"成员交易量"。农民专业合作社的主要功能是为社员提供交易上所需的服务，与社员的交易不以营利为目的。年度经营中所获得的盈余除了一小部分留作公共积累外，大部分要根据社员与合作社发生的交易额的多少进行分配。实行按股分配与按交易额分配相结合，以按交易额分配返还为主是农民专业合作社分配制度的根本特征。农民专业合作社与外部其他经济主体的交易，要坚持以营利最大化为目的市场法则。因此，农民专业合作社的基本特征表现在以下几方面：

（1）在组织构成上，农民专业合作社以农民作为合作经营与开展服务的主体，主要由进行同类农产品生产、销售等环节的公民、企业、事业单位联合而成，农民要占成员总人数的80%以上，从而构建了新的组织形式。

（2）在所有制结构上，农民专业合作社在不改变家庭承包经营的基础上，实现了劳动和资本的联合，从而形成了新的所有制结构。

（3）在盈余分配上，农民专业合作社对内部成员不以营利为目的，将可分配盈余大部分返还给成员，进而形成了新的盈余分配制度；在管理机制上，农民专业合作社实行入社自愿、退社自由、民主选举、民主决策等原则，建构了新的经营管理体制。

（三）农民合作社的功能

农民合作社集生产主体和服务主体于一身，融普通农户和新型主体为一体，具有联系农民、服务自我的独特功能。农民专业合作社发挥带动散户、组织大户、对接企业、联结市场的功能，进而提升农民组织化程度。在农业供给侧结构性改革中，农民合作社自身既能根据市场需求做出有效的响应，也能充分发挥传导市场信息、统一组织生产、运用新型科技的载体作用，把分散的农户组织起来开展生产，还能让农户享受到低成本、便利化的自我服务，有效弥补了分散农户经营能力上的不足。

四、农业龙头企业

（一）农业产业化

1. 农业产业化的概念

农业产业化是指在市场经济条件下，以经济利益为目标，将农产品生产、加工和销售等不同环境的主体联结起来，实行农工商、产供销的一体化、专业化、规模化、商品化经营。农业产业化促进传统农业向现代农业转变，能够解决当前一系列农业经营和农村经济深层次的问题和矛盾。

2. 农业产业化的要素

（1）市场是导向。市场是导向，也是起点和前提。发展龙型经济必须把产品推向市场、占领市场，这是形成龙型经济的首要前提，市场是制约龙型经济发展的主要因素。农户通过多种措施，使自己的产品通过龙型产业在市场上实现其价值，真正成为市场活动的主体。为此，要建设好地方市场，开拓外地市场。地方市场要与发展"龙型"产业相结合，有一个"龙型"产业就建设和发展一个批发或专业市场，并创造条件，使之向更高层次发展；建设好一个市场就能带动一批产业的兴起，实现产销相互促进，共同发展。同时要积极开拓境外市场和国际市场，充分发挥优势产品和地区资源优势。

（2）中介组织是连接农户与市场的纽带和桥梁。中介组织的形式是多样的。龙头企业是主要形式，在经济发达地区龙头企业可追求"高、大、外、深、强"。在经济欠发达地区，可适合"低、小、内、粗"企业。除此之外，还有农民专业协会、农民自办流通组织。

（3）农户是农业产业化的主体。在农业生产经营领域之内，农户的家庭经营使农业生产和经营管理两种职能合为农户的家庭之内，管理费用少，生产管理责任心强，最适合农业生产经营的特点，初级农产品经过加工流通后在市场上销售可得到较高的利润。当前，在市场经济条件下，亿万农民不但成为农业生产的主体，而且成为经营主体。现在农村问题不在家庭经营上，而是市场主体的农户在走向市场过程中遇到阻力，亿万农民与大市场连接遇到困难。此时，各种中介组织帮助农民与市场联系起来，农户既是农业产业化的基础，又是农业产业化的主体。他们利用股份合作制多种形式，创办加工、流通、科技各类中介组织，使农产品的产加销、贸工农环节连接起来，形成大规模产业群并拉长产业链，实现农产品深度开发，多层次转化增值，不断推进农业产业化向深度发展。

（4）规模化是基础。从一定的意义上来讲，"龙型"经济是规模经济，只有规模生产，才有利于利用先进技术产生技术效益；只有规模生产，才有大量优质产品；只有提高市场竞争力，才能占领市场。要形成规模经济，就要靠龙头带基地、基地连农户，主要是公司与农户形成利益均等、风险共担的经济共同体，使农户与公司建立比较稳定的协作关系。公司保障相应的配套服务，农民种植有指导，生产过程有服务，销售产品有保证，农民生产减少市场风险，使得农户间的竞争变成了规模联合优势，实现了公司、农户效益双丰收。

3. 农业产业化的基本特征

农业产业化经营作为把农产品生产、加工、销售诸环节联结成完整的农业产业链的一种经营体制，与传统封闭的农业生产方式和经营方式相比，农业产业化有以下基本特征：

（1）产业专业化。农业产业化经营把农产品生产、加工、销售等环节联结为一个完整的产业体系，这就要求农产品生产、加工、销售等环节实行分工分业和专业化生产；农业产业化经营以规模化的农产品基地为基础，这就要求农业生产实行区域化布局和专业化生产；农业产业化经营以基地农户增加收入和持续生产为保障，这就要求农户生产实行规模化经营和专业化生产。只有做到每类主体的专业化、每个环节的专业化和每块区域的专业化，农业产业化经营的格局才能逐步形成，更大范围的农业专业化分工与社会化协作的格局才能形成。

（2）产业一体化。农业产业化经营是通过多种形式的联合与合作，形成市场牵龙头、龙头带基地、基地连农户的贸工农一体化经营方式。这种经营方式既能使千家万户"小生产"和千变万化的"大市场"联系起来，又能使城市和乡村、工业和农业联结起来，还能使外部经济内部化，从而使农业能适应市场需求、提高产业层次、降低交易成本、提高经济效益。

（3）管理企业化。农业产业化经营把农业生产当作农业产业链的"第一车间"来进行科学管理，这既能使分散的农户生产及其产品逐步走向规范化和标准化，又能及时组织生产资料供应和全程社会化服务，还能使农产品在产后进行筛选、储存、加工和销售。

（4）服务社会化。农业产业化经营各个环节的专业化，使得"龙头"组织、社会中介组织和科技机构能够对产业化经营体内部各组成部分提供产前、产中、产后的信息、技术、经营、管理等全方位的服务，推动各种生产要素直接、紧密、有效地结合。

（二）农业产业化龙头企业

1. 农业产业化龙头企业的概念

农业产业化龙头企业是指以农产品生产、加工或流通为主，通过订单合同、合作方式等各种利益联结机制与农户相互联系，带动农户进入市场，实现产供销、贸工农一体化，使农产品生产、加工、销售有机结合、相互促进，具有开拓市场、促进农民增收、带动相关产业等作用，在规模和经营指标方面达到规定标准并经过政府有关部门认定的企业。

2. 农业产业化龙头企业的优势

农业产业化龙头企业弥补了农户分散经营的劣势,将农户分散经营与社会化大市场有效对接,利用企业优势进行农产品加工和市场营销,提高了农产品的附加值,弥补了农户生产规模小、竞争力有限的不足,延长了农业产业链条,改变了农产品直接进入市场、农产品附加值较低的局面。农业产业化还将技术服务、市场信息和销售渠道带给农户,提高了农产品精深加工水平和科技含量,提高了农产品市场开拓能力,减小了经营风险,提供了生产销售的通畅渠道,并且通过解决农产品销售问题刺激了种植业和养殖业的发展,提升了农产品竞争力。

农业产业化龙头企业能够适应复杂多变的市场环境,具有较为雄厚的资金、技术和人才优势。龙头企业改变了传统农业生产自给自足的落后局面,用工业发展理念经营农业,加强了专业分工和市场意识,为农户农业生产的各个环节提供一条龙服务,为农户提供生产技术、金融服务、人才培训、农资服务、品牌宣传等生产性服务,实现了企业与农户之间的利益联结,能够显著提高农业的经济效益,促进农业可持续发展。

农业产业化龙头企业的发展有利于促进农民增收。一方面,龙头企业通过收购农产品直接带动农民增收,企业与农户建立契约关系而成为利益共同体,向农民提供必要的生产技术指导,提高农业生产的技术化水平,促进农产品质量和产量的提升,保证了农民的生产销售收入,同时也增强了我国农产品的国际竞争力,创造了更多的市场需求。农户还可以资金等多种要素的形式入股农业产业化龙头企业,获得企业分红,鼓励团队合作,促进农户之间的相互监督和良性竞争。另一方面,农业产业化龙头企业的发展创造了大量的劳动就业岗位,释放了农村劳动力,解决了部分农村劳动力的就业问题。

农业产业化龙头企业的发展提高了农业产业化水平,促进了农产品产供销一体化经营。通过技术创新和农产品深加工,提高资源的利用效率,提高了农产品质量,解决了农产品难卖的问题。同时,改造了传统农业,促进大产业、大基地和大市场的形成,形成从资源开发到高附加值的良性循环,提升了农业产业竞争力,起到了农产品结构调整的示范作用和市场开发的辐射作用,带动农户走向农业现代化。

农业产业化龙头企业是农村的有机组成部分,具有一定的社会责任。龙头企业参与农村村庄规划,配合农村建设,合理规划生产区、技术示范区、生活区、公共设施等区域,并且制定必要的环保标准,推广节能环保的设施建设。龙头企业培养企业的核心竞争力,增强抗风险能力,在形成完全的公司化管理后,还可以将农民纳入社会保障体系,进一步维护了农村社会的稳定发展。

(三)农业产业化龙头企业标准

农业产业化龙头企业包括国家级、省级和市级等,分别有一定的标准。

1. 农业产业化国家级龙头企业标准

农业产业化国家级龙头企业是指以农产品加工或流通为主,通过各种利益联结机制与农户相联系,带动农户进入市场,使农产品生产、加工、销售有机结合、相互促进,在规模和经营指标上达到规定标准并经全国农业产业化联席会议认定的企业。农业产业化国家级龙头企业必须实现以下标准:

(1)企业组织形式。依法设立的以农产品生产、加工或流通为主业、具有独立法人资格的企业。企业组织形式包括依照《中华人民共和国公司法》(以下简称《公司法》)设立的公司,其他形式的国有、集体、私营企业以及中外合资经营、中外合作经营、外商独资企业,直接在工商管理部门注册登记的农产品专业批发市场等。

（2）企业经营的产品。企业中农产品生产、加工、流通的销售收入（交易额）占总销售收入（总交易额）的 70% 以上。

（3）生产、加工、流通企业规模。总资产规模：东部地区 1.5 亿元以上，中部地区 1 亿元以上，西部地区 5000 万元以上；固定资产规模：东部地区 5000 万元以上，中部地区 3000 万元以上，西部地区 2000 万元以上；年销售收入：东部地区 2 亿元以上，中部地区 1.3 亿元以上，西部地区 6000 万元以上。

（4）农产品专业批发市场年交易规模：东部地区 15 亿元以上，中部地区 10 亿元以上，西部地区 8 亿元以上。

（5）企业效益。企业的总资产报酬率应高于现行 1 年期银行贷款基准利率；企业应不欠工资、不欠社会保险金、不欠折旧，无涉税违法行为，产销率达 93% 以上。

（6）企业负债与信用。企业资产负债率一般应低于 60%；有银行贷款的企业，近 2 年内不得有不良信用记录。

（7）企业带动能力。鼓励龙头企业通过农民专业合作社、专业大户直接带动农户。通过建立合同、合作、股份合作等利益联结方式带动农户的数量一般应达到：东部地区 4000 户以上，中部地区 3500 户以上，西部地区 1500 户以上。企业从事农产品生产、加工、流通过程中，通过合同、合作和股份合作方式从农民、合作社或自建基地直接采购的原料或购进的货物占所需原料量或所销售货物量的 70% 以上。

（8）企业产品竞争力。在同行业中企业的产品质量、产品科技含量、新产品开发能力处于领先水平，企业有注册商标和品牌。产品符合国家产业政策、环保政策，并获得相关质量管理标准体系认证，近 2 年内没有发生产品质量安全事件。

2. 农业产业化省级龙头企业标准

农业产业化省级龙头企业是指以农产品加工或流通为主，通过各种利益联结机制与农户相联系，带动农户进入市场，使农产品生产、加工、销售进行有机结合、相互促进，在规模和经营指标上达到规定标准，经省人民政府审定的企业。不同的省，设定的标准有所区别。以湖南省为例，湖南省农业产业化省级龙头企业必须达到以下标准：

（1）企业组织形式。依法设立的以农产品加工或流通为主业、具有独立法人资格的企业，包括依照《公司法》设立的公司，其他形式的国有、集体、私营企业以及中外合资经营、中外合作经营、外商独资企业，直接在工商行政管理部门登记开办的农产品专业批发市场等。

（2）企业经营的产品。企业中农产品加工、流通的增加值占总增加值的 70% 以上。

（3）加工、流通企业规模。总资产 5000 万元以上，固定资产 2000 万元以上，年销售收入 7000 万元以上。

（4）农产品专业批发市场年交易 30 亿元以上。

（5）企业效益。企业的总资产报酬率应高于同期银行贷款利率；企业应不欠税、不欠工资、不欠社会保险金、不欠折旧，不亏损。

（6）企业负债与信用。企业资产负债率一般应低于 60%，企业银行信用等级在 A 级以上（含 A 级）。

（7）企业带动能力。通过建立可靠、稳定的利益联结机制带动农户（特种养殖业和农垦企业除外）的数量一般应达到 3000 户以上；企业从事农产品加工、流通过程中，通过订立合同、入股和合作方式采购的原料或购进的货物占所需原料量或所销售货物量的 70% 以上。

（8）企业产品竞争力。在同行业中企业的产品质量、产品科技含量、新产品开发能力居领先地位，主营产品符合国家产业政策、环保政策和质量管理标准体系，产销率达 93% 以上。

3.农业产业化市级龙头企业标准

市级农业产业化重点龙头企业是指以农产品生产、加工、流通以及农业新型业态为主业，通过各种利益联结机制，带动其他相关产业和新型农业经营主体发展，促进当地农业主导产业壮大，促进农民增收，经营规模、经济效益、带动能力等各项指标达到市级龙头企业认定和监测标准，并经市人民政府认定的企业。

不同的市也有不同的认定标准，以河北省唐山市为例，农业产业化市级龙头企业应达到如下标准：

（1）企业组织形式。在各级工商部门注册，具有独立法人资格的企业包括依照《公司法》设立的公司，其他形式的国有、集体、私营企业以及中外合资经营、中外合作经营、外商独资企业，农产品专业批发市场等。

（2）企业经营的产品。以农产品生产、加工、流通以及农业休闲采摘、观光旅游等新型业态为主业，且主营收入占企业总收入的70%以上。

（3）企业规模。不同类型的企业需分别达到以下规模：

①生产型龙头企业。总资产1000万元以上，固定资产500万元以上，年销售收入在1000万元以上。

②加工型龙头企业。总资产2000万元以上，固定资产1000万元以上，年销售收入在2000万元以上。

③流通型龙头企业。农产品专业批发市场年交易规模在1亿元以上，电子商务类等其他流通类龙头企业年销售收入在1000万元以上。

④融合发展型龙头企业。总资产1000万元以上，固定资产500万元以上，年销售收入在1000万元以上。

融合发展型龙头企业指农业各产业环节相互链接的产业链型企业，或以农业为基础发展农产品加工、休闲旅游观光等产业的龙头企业。

（4）企业效益。企业连续两年生产经营正常且不出现亏损情况，总资产报酬率应高于同期1年期央行贷款基准利率。

（5）企业负债与信用。企业产权清晰，资产结构合理，资产负债率原则上要低于60%。企业守法经营，无涉税违法问题，不拖欠工人工资，工商、税务、财政、金融、司法、环保等部门征信及管理系统记录良好。企业诚信、声誉、美誉度较高。

（6）企业带动能力。生产型企业通过订立合同、入股和合作等方式，直接带动农户100户以上，间接带动农户达到1000户；加工型企业通过建立稳定的利益联结机制，直接带动相关农业企业、合作社、家庭农场、专业大户等新型农业经营主体5家以上，直接和间接带动农户达到1000户；流通型企业间接带动农户达到3000户；融合发展型企业直接带动农户达到100户，间接带动达到1000户。

（7）企业产品竞争力。在同行业中企业的产品质量、产品科技含量、新产品开发能力居先进水平，主营产品符合国家产业政策、环保标准和质量管理标准要求；近两年内未发生重大环境污染事故、无重大产品质量安全事件；主营产品产销率达90%。

（8）商标品牌。企业产品注册商标，实行标准化生产管理，获得国际国内标准体系认证、出口产品注册、各级名牌（商标）认定，或通过无公害农产品、绿色食品、有机食品认证等。

（四）龙头企业的功能定位

在某个行业中，对同行业的其他企业具有很深的影响、号召力和一定的示范、引导作用，并对该地区、该行业或者国家做出突出贡献的企业，被称为龙头企业。龙头企业产权关系明晰、治理结构完善、管理效率较高，在高端农产品生产方面有显著的引导示范效应。当前，有近九成的国家重点龙头企业建有专门的研发中心。省级以上龙头企业中，来自订单和自建基地的采购额占农产品原料采购总额的2/3，获得省级以上名牌产品和著名商标的产品超过50%，"微笑曲线"的弯曲度越来越大，不断向农业产业价值链的高端升级。

五、新型农业经营主体间的联系与区别

（一）新型农业经营主体之间的联系

专业大户、家庭农场、农民合作社和农业龙头企业是新型农业经营体系的骨干力量，也是在坚持以家庭承包经营为基础上的创新，还是现代农业建设保障国家粮食安全和重要农产品有效供给的重要主体。随着农民进城落户步伐的加快及土地流转速度的加快、流转面积的增加，专业大户和家庭农场有很大的发展空间，或将成为职业农民的中坚力量，将形成以种养大户和家庭农场为基础，以农民合作社、龙头企业和各类经营性服务组织为支持，多种生产经营组织共同协作、相互融合发展，具有中国特色的新型经营体系，推动传统农业向现代农业转变。

专业大户、家庭农场、农民合作社和农业龙头企业，他们之间在利益联结等方面有着密切的联系，紧密程度视利益链的长短而形式多样。例如，专业大户、家庭农场为了扩大种植影响，增强市场上的话语权，牵头组建"农民合作社＋专业大户＋农户""农民合作社＋家庭农场＋专业大户＋农户"等形式的合作社，这种形式在各地都占有很大比例，甚至在一些地区已成为合作社的主要形式；农业龙头企业为了保障有稳定的、质优价廉的原料供应，组建"龙头企业＋家庭农场＋农户""龙头企业＋家庭农场＋专业大户＋农户""龙头企业＋合作社＋家庭农场＋专业大户＋农户"等形式的农民合作社。但是，他们之间也有不同之处。

（二）新型农业经营主体之间的区别

新型农业经营主体的主要指标，见表3-1。

表3-1 新型农业经营主体主要指标对照表

类型	领办人身份	雇工	其他
种养大户	没有限制	没有限制	规模要求
家庭农场	农民＋其他长期从事农业生产的人员	雇工不超过家庭劳力数	规模要求、收入要求
农民合作社	执行与合作社有关的公务人员不能担任理事长；具有管理公共事务的单位不能加入合作社	没有限制	20人以上农民数量须占80%，5~20人农民须占5%，5人以下农民为15%
龙头企业	没有要求	没有限制	注册资金要求

第三节　推进新型农业经营主体建设

一、以新理念引领新型农业经营主体

目前，我国农业经营主体是专业大户、家庭农场、农民合作社、农业企业等多元经营主体共存。在此基础上培育新型农业经营主体，发展适度规模经营，构建多元复合、功能互补、配套协作的新发展机制，必须遵循融合、共享、开放等新发展理念。

不同经营主体具有不同功能、不同作用，融合发展可以实现优势和效率的倍增。既要鼓励发挥各自的独特作用，又要引导各主体进行相互融合，积极培育和发展家庭农场联盟、合作社联合体、产业化联合体等。比如，四川简阳生猪养殖就推行了"六方合作"，即养猪户、合作社、保险公司、金融机构、买猪方、政府六方共同合作，把畜牧产业链条上各主体、各要素紧密串联，实现了多方共赢。安徽、河北等地也在探索发展农业产业化联合体，他们以龙头企业为核心、农民合作社为纽带、家庭农场和专业大户为基础，双方、多方或全体协商达成契约约定，形成了更加密切、更加稳定的新型组织联盟。各主体分工协作、相互制约、形成合力，实现经营的专业化、标准化以及产出的规模化和共同利益的最大化，是实现第一、第二、第三产业融合发展的有效形式。

农民的钱袋子是否鼓起来，是检验新型农业经营主体发展成效的重要标准，一定要避免强者越强、弱者越弱，主体富了、农民依然原地踏步的情况发生。特别是在企业与农民的合作与联合中，一定要建立共享机制，促进要素资源互联互通，密切企业与农民、合作社与合作社、企业与家庭农场、企业与合作社等之间的合作，从简单的买卖、雇佣、租赁行为逐步向保底收购、合作、股份合作、交叉持股等紧密关系转变，形成利益共同体、责任共同体和命运共同体。农业部组织开展的土地经营权入股发展产业化经营试点在 1 年多时间，7 个试点县（市、区）共有 13 家农业企业、9 家合作社开展了土地入股探索，涉及农户 1.4 万多户、土地面积 5.1 万多亩，形成了直接入股公司、入股合作社、农民与原公司成立新公司、非公司制股份合作经营、公司入股合作社等五种模式，农民通过"保底收益＋二次分红"的形式，有了更多实实在在的获得感。

开放是大势所趋，是农业农村改革发展的活力所在。建设现代农业，要把握好国内和国际两个市场，畅通市场渠道，以更加开放、包容的姿态迎接各类有利资源要素。在土地流转、农地经营、农业生产服务、农产品加工营销等方面，应鼓励多元主体积极参与，以市场为导向，一视同仁，公平竞争，做到农地农用、新型经营主体用、新型职业农民用、新农人用。土地流转可以跨主体进行，实现资源优化配置，农业社会化服务可以跨区域展开，实现降成本、增效益的目的，城市工商资本根据有关规定可以流转土地参与农业经营，引领现代农业发展趋势，电子商务等企业也可以发展生鲜电商、智慧农业等，培育新业态，发展新产业。同时，各类新型主体都要严守政策底线和红线，不得改变土地集体所有性质，不得改变土地农业用途，不得侵害农民土地承包权益。

二、搞好新型农业经营主体规范化建设

规模是规范的基础，规范是质量和声誉的保障。经过多年来的自我发育和政策支持，各类新型农业经营主体蓬勃发展，总体数量和规模不断扩大，新型农业经营主体成为建设现代农业的骨干力量。

（一）家庭农场要还原本质特征

家庭农场的本源是家庭经营，是指夫妇双方和子女的核心家庭，不能泛化。家庭农场的本质内涵是家庭经营、规模适度、一业为主、集约生产，每句话都有深刻含义。

1. 家庭经营

现阶段从全球范围来看，所谓家庭农场应是核心家庭的劳动力经营，是经营者的自耕，不能将所经营的土地再转包、转租给第三方经营。要积极倡导独户农场，而不应将雇工农场、合伙农场、兼业农场、企业农场等作为规范化、示范性农场。农忙时可以雇短工，可以有 1～2 个辅助经营者，但核心家庭成员的劳动和劳动时间的占比一定要达到 60% 以上。

2. 规模适度

家庭经营的上述特征决定了只能发展适度规模经营，动辄几千亩、上万亩土地的经营规模反过来会导致报酬递减。我们提倡的家庭农场土地平均规模是当地农户平均规模的 10~15 倍，就是这个原因。

3. 一业为主

家庭农场要规避低效率的小而全、大而全的生产经营方式，根据自身的能力和职业素质，选择主导产业，依托社会化服务，实现标准化、专业化生产，才能更充分地体现家庭农场经营的优越性。

4. 集约生产

家庭农场最重要的内涵是使其劳动力与其他资源要素的配置效率达到最优，最大限度地发挥规模经营效益和家庭经营优势。因此，家庭农场要秉承科技创新理念，在生产的全过程中节约资源投入，科学经营产业，降低生产成本，提升产品质量和效益，实现可持续发展。

（二）农民合作社要扩大规模

从国际合作社发展情况来看，合作社个体数量减少，但单一经营或服务的规模不断扩张，呈现出规模化的趋势。要遵循合作社本质，坚持合作社归农户所有、由农户控制、按章程分配的办社原则。在此基础上，根据合作社同类合并、规模扩大、质量提升的发展之路，扩大经营规模，积极发展联合社和集生产、供销、信用"三位一体"的综合社，提高综合竞争力。

（三）龙头企业要发挥作用

龙头企业与一般企业的本质区别就在于要带动农民发展，通过建立利益联结机制，让农民分享产业链的增值收益。这也是中央扶持龙头企业的重要原因。龙头企业必须坚持服务农民、帮助农民、富裕农民的原则，在自愿、平等、互利的基础上，规范发展订单农业，为农户提供质优价廉的生产服务，吸引农民以多种形式入股，形成经济共同体、责任共同体和命运共同体。

第四章　农村金融

　　"农村地区"被普遍界定为中西部、东北和海南省县（市）及县（市）以下地区，以及其他省（区、市）的国定贫困县和省定贫困县及县以下地区。无论商品化程度或是市场化程度，无论居民金融需求还是信贷传统文化，农村金融市场与城市金融市场有着截然不同的特征与运行规律，且"城乡二元结构"更是长期扭曲了农村金融市场的发展规律。抬会、合会、高利贷等各类民间或非法、或地下融资现象显示的是一个极度缺乏资金的市场，由此也决定了中国农村金融市场演进的政府干预逻辑与增量式改革主旋律：一方面打击非法地下金融、规范非正规金融，引导资金流入正规金融体系；另一方面对农村信用社、农业银行等金融力量进行改革重组，启动新一轮增加农村市场金融供给的改革试点。

第一节　新农村建设与农村金融

　　农村金融是构成一个国家宏观金融体系的重要组成部分。基于"经济决定金融，金融反作用经济"这一理论，一个国家农村金融的发达程度是由该国农村经济发展情况所决定的，同时农村金融状况的好坏在很大程度上影响着农村经济发展的速度。

一、新农村建设与农村金融的关系

　　农村金融是我国金融体系的重要组成部分，也是建设社会主义新农村的重要条件，还是支持服务"三农"的重要力量。在"三农"发展、新农村建设进程中，财政对农业基础设施和农村公益事业的投入固然重要，但广大农业企业和农户新需的生产经营资金仍主要依靠农村金融支持。

　　当前，"三农"问题已经成为影响我国全面发展的重大问题，要想国家的经济稳定，前提是农业必须稳定；要想国家真正发展，前提是农村必须发展；要想国家持久繁荣，农民就必须首先富裕。因此，只有全国农民都加入现代化进程中来，才能使国民经济全局稳定并充满活力，实现国家长期持续发展；只有广大农村地区显著改变落后的现状，才能实现更大的覆盖面、更高水准的小康社会。

　　要想解决"三农"问题，必须加强新农村建设，加强新农村建设需要农村金融的资金支持。农村金融离不开新农村建设，新农村建设对农村金融有决定性的作用。

　　农村生产力水平的发展程度和农村商品经济的成熟程度决定了农村金融规模的完善程度和发展程度。在一些经济相对成熟和发达的国家和地区，经济发展水平相对较高，因此在农业生产中机械化程度和科技含量相对较高，管理体制和制度相对完善，以大型农场为主要经营模式。在生产过程中所需要的资金量较大，不能仅靠政策性金融提供的资金来满足正常需求。

在经济欠发达的国家和地区，农业生产相对分散，主要以个体农户为单位，机械使用率较低，管理相对松散。在这种情况下，生产者在生产中所需要的资金量相对较少。

农业生产和农村经济效益的提高对于农村金融效益的提高具有根本性的决定作用。伴随着农业体制的改革，传统农业逐步被现代农业所替代，农业生产经营活动的效益也在不断地提高。在相对发达的国家和地区，农业生产多以机械代替人力，劳动效率普遍较高，同时现代科学技术在农业产业中的广泛应用以及配套的保险产品和国家的大量补贴，使得农业和工商业的经济效益相差并不大。而在经济欠发达的国家和地区，农业生产主要靠人力，因此农业经营效益与工商业经营效益的差距很大。

农村经济在不同发展阶段对资金的需求状况给农村金融发展的趋势和发展提供了重要的现实依据。农业生产者进行农业生产投资时产生的资金缺口就决定农村金融所面临的市场规模，以及需要提供什么类型和特点的金融产品才能满足这个市场。

农村经济基础对农村金融市场起着决定性作用，即经济基础决定着上层建筑，市场需求决定着市场供给。因此，新农村建设对农村金融有着关键性的作用，只有加强新农村建设，打好经济基础，才能有利于农村金融体系的建立及完善。农村金融影响新农村建设。

虽然农村金融的建立和发展面临着巨大的挑战，但农村金融在农业经济生活中的重要性也不容忽视，它是农村经济得以顺利进行的重要支柱。在新农村建设中起到举足轻重、不可或缺的作用，给新农村建设以强大的保障。

农村金融健康良好的发展给予农村经济的发展大量的资金支持。随着新农村的建设，农业生产和农村经济活动的广泛开展，无论从农村基础设施的建设到扩大农业生产规模，再到提高科学技术含量等各方面都离不开农村金融提供的充足的资金支持。

农村金融在农村经济活动中处于主导地位：在新农村建设的任何关节上如果缺乏了资金的供应或资金周转缓慢，都会对其发展进程和实际实施效果产生或轻或重的影响。同时农村货币流通的稳定性，可以影响到农村商品流通的稳定性，因为资金流通速率和流通中商品的总价值之间的合理调配会极大地影响农业产品的价格、农业人口的收入以及新农村建设的成效。

二、新农村建设的可持续发展

土地是农民赖以生存的资源，它关系着广大农民的切身利益，是农业发展的基础生产资料，是农民的生存之本，同时也关系着国家的粮食安全，国家必须确保耕地18亿亩的红线，才能保证国家的粮食安全。但近些年来，随着工业化和城镇化的推进，给农村发展带来了新的机遇，农民可以选择更多的从事农业生产以外的工作，农民的收入有了明显的增加，农村的面貌也随之发生了巨大的改变，在看到经济效益的同时一些矛盾和问题也应该引起我们足够的重视，特别是土地问题，如果解决不好就会成为阻碍我国经济发展的因素。

（一）当今农村，应高度关注土地资源中的一些问题

1. 土地闲置废耕、非法转让和出卖现象日渐上升

工业化和城镇化的快速发展，使城乡之间的差别越来越大，农民进城务工的工资也大幅度上涨，而农产品价格却始终处于低位，再加上农业生产的周期性和不稳定性使得外出务工可以带来比土地耕作更多的经济收入，于是许多农民选择离开土地而进城务工，劳动力外流致使大量的土地闲置无人耕种。由于农田长期闲置，肥沃的土地变得贫瘠，土地荒废逐渐增加。我国人口众多，虽然土地面积广大，但是人均土地面积远远低于世界人均土地面积，因而我国属于资源匮乏的国家，土地闲置现象的大量增加直接影响到全社会的稳定和国民经济的发

展。此外,很多农民在外出务工时也会把土地转让、转包或者出租给企业开发商。而其转让、出租的行为大多没有经过土地管理部门的认可,有些甚至等同于直接出卖其耕作土地。非法转让和出卖农村土地不但破坏了可以进行农业生产的土壤,使原本短缺的农用土地资源更加紧张,还使国家的利益受到损害。

2. 农村土地缺乏合理规划与整合,土地利用率低

由于农村居住人群分散,村民建房没有统一规划,占用土地面积大;农村的基础设施建设和农田规划,也缺乏合理性。

3. 土地权益纠纷的问题逐渐增多

农村人口变动使土地分配出现有失公平的情况,同时闲置土地的非法流转使农民围绕土地使用权的问题产生了诸多的矛盾和冲突,这些矛盾和冲突大致可以分为以下几种:一是由于农村村委会对土地违法收回以及分配不公所造成的农民和村委会之间的矛盾;二是农民私下不规范转让、划界不清和宅基地继承分配不均等问题所产生的农民和农民之间的矛盾;三是非法强制征用土地,强行改变土地用途所产生的农民和有关部门之间的矛盾;四是对土地补偿款的非法截留、占用、挪用和大肆挥霍,使得农民在失去土地的情况下得不到合理的补偿所产生的农民和上级部门之间的矛盾。这些不断涌现出的土地纠纷问题,影响了土地的长期投资和经营规模,降低了土地带来的收益。甚至在个别地区由于调节处理机制不完善,出现了大规模上访事件。

(二)针对这些问题,应确立合理有效的体制并采取一些处理措施

1. 对土地法规进行不断完善,健全相关法律体系

基于我国特定的社会政治经济条件,要实现土地资源市场化配置,就需要得到政策的支持和保护,更需要得到法律的保障。政府应加大支持和保护力度,健全我国相关法律法规体系:一是进一步提高对加快农村土地资源配置市场化重要性的思想认识,积极推动和正确引导农村土地资源配置市场化的实现;二要加强土地使用权立法,构筑新的法律体系来维护我国土地使用权的正常流转,促使农村土地使用权配置市场化健康发展;三要制定和完善农村土地制度、农村土地市场交易规则等方面的法律法规,以规范农民对土地资源的支配方式及行为,并保护其合法权益。

2. 对耕地合理规划科学管理,提高土地利用率

要以科学合理的方法,对农村土地进行利用和规划,按照控制总量、合理布局、节约用地、保护耕地的原则,完善土地利用法规建设,控制土地利用的整体程序,规范耕地面积的调整与规划,同时要严格落实,经常进行检查。对耕地要统一规划、合理分类,对不同的土地选择相适宜的农作物进行耕种,做到优化配置,以获取最高经济效益为目的,优化土地用途,提高土地使用率。

3. 对生产方式进行合理改善,提高土地生产收益

粮食危机成为全球关注的一个重大问题,也是我们国家在农业生产方面要引起重视的问题。因此,必须采取多种渠道对耕作方式进行合理改变,提高农产品产量,提高农民收入水平,增强农民种地的积极性。一是政府需要出台相关的政策,做好管理和指引。政府应加大对农业基础设施改造的投资力度,完善基本农田保护制度,对愿意从事农业生产规模化、机械化的个人或者企业进行政策上的优惠照顾,例如为其提供农业生产的必需品,对农产品的运输等给予相应的支持。二是加大政府补贴,以减轻农民的沉重负担。国家可以拿出一部分经费来租种农户撂荒的土地,安排专人进行统一化耕种和管理;同时,根据各地的实际情况,进行土地耕作的探索创新,高效利用土地。这样做,不但可以让农民切身地感受到实惠,同时

也避免了农民因私自非法出让土地造成国家的损失。三是推广农民股份制，实行以土地使用权或承包权为主入股的联合经营。既可以提高农民在土地经营中的抗拒风险的能力，大力提高土地资源的利用率，也能把农村的分散资金集合起来，以小合大，促进农村的规模化生产。

4. 对土地资源加强管理监督，规范土地流动转让

面对农村土地资源摞荒和使用效率太低的现状，除了从科技含量和经营理念方面着手提高之外，探索新形势下的农村土地资源开发利用的管理监督制度也刻不容缓。面对土地利用效率低下的情况，采取鼓励合法转让，实行各种公正、公平、公开的方式承包给有能力提高土地利用效率的单位和个人，并鼓励农民以闲置的土地入股，走规模化集约型的经营道路，促进农业生产可以达到效益最大化。同时在鼓励探索新方法的过程中，一定要保障监督检查的力度，以防止以权谋私、乱批乱占、中饱私囊的现象产生。具体来说，应该加强基层农村委员会的监督，明确权利义务范畴，涉及重大土地承包经营策划时必须采取民主集体协商，经营项目所得收入及其分配制度需要做到公平、公正、公开的通报。同时，上级主管部门要建立土地使用市场监管机构，明确其权利和责任。要完善土地使用价格评估体系，综合土地资源的各种现实条件和国家给予土地政策的相关政策制定出科学完善的土地使用价格体系，以作为大规模的土地使用权流转的参考依据。地方各级相关部门需要积极主动地加强与相关各个部门之间的交流和协调，完善协作和配合，健全各种协商、调节机制，切实保护好农民土地资源使用上的合法权益。

5. 对土地流转模式不断创新，建立有序高效机制

随着经济社会环境的转变，农民的观念也随之改变，政府的管理理念也必须为适应形势而做出改变。农村土地流转需要建立和完善农村土地所有权市场制度，一是政府需要规范和完善征地的申请和审批制度，确立合理的"转用价格"以保证农民的切身利益，在加强监督和管理的同时需要适度放开和搞活农村土地所有权市场，建立各方之间的多向流动关系，扶植起合法、完善的土地产权及使用权交易中介组织；二是土地流转在坚持不改变土地集体所有制、不改变土地用途、不损害农民土地承包权益的重大原则下，积极尝试各种土地合作方式，改变非法交易的状况，减少不规范的操作，探索出一条由政府宏观调控的土地流转模式。比如，加强信息服务及中介机构的建设，提供土地政策法规，集中收集农民土地流转信息，及时公布和提供土地供求信息、土地交易行情及结果，并按一定的规则进行交易和签订相关合同，避免土地私下交易造成的混乱状态，使农村土地流转可以有序、公平地进行。

（三）农村劳动力资源的现状和特点

劳动力是指具有劳动生产能力的人类个体，是人在生产劳动中所能付出的体力和脑力的总和。根据我国劳动就业制度规定，男的在16～60周岁、女的在18～55周岁都列为劳动力资源。农村劳动力是新农村建设中最主要的资源。农村劳动力资源是指农村中具有劳动能力，同时可以从事劳动生产的人口的总和。

1. 农村劳动力资源的现状

我国农村经济基础薄弱，受到各方面条件的限制，农村劳动力的总体素质不高。许多专家学者在面对"社会主义新农村建设"的问题时都曾指出"农民素质的提高是新农村发展的灵魂"，需要培养和造就一批有文化、懂技术、会经营的新型农民，提升农民的整体素质。我国劳动力资源的现状不容乐观，具体可以概括为四个字"一大六低"。

"一大"指农村劳动力数量庞大。据相关部门2012年统计，我国农村中有大约6.7亿劳动力。据相关研究推算，在农村现有的生产力水平和生产规模条件下，农村需要的劳动力在1.5亿左右。换言之，在大约6.7亿农村劳动力中，有5.2亿属于富余劳动力。与庞大的劳动力相比，我国农业资源匮乏，面对耕地得不到有效利用的现状，人多地少的矛盾更加突出。

"六低"指农村劳动力思想素质低、文化素质低、科技素质低、经营管理素质低、身体素质低、劳动生产率低。受到一直以来自然经济自给自足的影响，大多数农村劳动力思想比较保守，满足于现有的生活状况，缺乏进取心，对新技术和新观念的接受程度较低，同时缺乏商品经济的意识和经营理念。同时，由于农村教育业发展缓慢，使得大多数农村劳动力的文化素质不高。通过2010年第六次全国人口普查的数据可以看出，在我国农村人口之中文盲占7.25%，小学占38.06%，初中占44.91%，高中占7.73%，达到大专以上学历的仅占到2.05%。依据第六次全国人口的普查资料结果来进行计算，我国人均受教育年限达到了8.80年，而农村的人均受教育年限达到了7.58年，低于全国平均水平。而美国农民大部分是从州立农学院毕业的；法国7%以上的农民都已经具有了大专文化；德国已经有6.7%的农民都具有了大学及其以上文凭；在日本的农民中已经有5%都是大学毕业生，而且高中毕业生已高达74.8%。同时，重男轻女的思想在广大农村地区还是普遍存在的，女性的地位普遍不高，因此女性受教育的重要性被忽视，很大程度上降低了女性劳动力的生产能力。根据全国第六次人口普查的结果显示，男性人口占51.27%，女性人口占48.73%。农村女性人口接近3.3亿，接近农村人口的半数，因此提高农村女性劳动力的教育程度，对于提高农村劳动力整体文化素质具有重要的意义。我国的农村劳动力90%以上还以传统体力劳动为主，靠经验进行生产，不具备特别的劳动力技能。根据有关统计资料，有14%的劳动力掌握了工业、建筑业和服务业的技能，2.8%的劳动力掌握驾驶技术，3.2%的劳动力掌握农业技术。由此可见，我国具备职业技术技能的农村劳动力比率与发达国家相比还具有很大的差距。同时，由于经营管理理念相对缺失，医疗和相关生活必需品的供应不足等，我国劳动力的劳动效率相对于发达国家和地区来说还有很大的差距。

自改革开放以来，城乡居民的就业方式发生着巨大的转变，更多具有较高文化素质的青壮年劳动力离开农村进城务工，导致了农村不断流失高质量的劳动力，使得从事农业生产的农村劳动力的整体素质进一步下降。农村劳动力的转移虽然从一定程度上缓解了农村庞大的劳动力数量带来的就业压力，但也同时带来了新的问题，在留守人员中多以女性和老年人为主要劳动力，整体劳动力结构极其不利于新农村建设的快速发展。

2. 农村劳动力资源的特点

根据以上农村劳动力资源的现状，我们可以总结出农村劳动力资源具有以下几个特点：

第一，劳动力是一种主体能动性资源，既是在生产建设工程中被开发和利用的客体，同时又是在生产建设中开发和利用其他资源的主体。

第二，劳动力是一种动态资源，其作用于生产建设的劳动时间不但与其主体的生命周期相关联，同时也与其主体从事劳动生产活动的意愿相关联。

第三，劳动力是一种双重性质的资源，农村劳动力是农村经济活动的从事者，是新农村的创造者，农村的财富依靠农村劳动力来创造；同时，农村劳动力也是农村经济生产成果的消费者。因此合理的开发农村劳动力资源的创造性和消费性，有利于农村经济的良性循环。反之，两者之间开发利用的不合理会造成经济增长的负担，诱发社会的不稳定。

第四，劳动力是一种智力因素可塑性很强的资源，智力因素对于农业经济发展和新农村的建设都起到了重要的作用。农村劳动力普遍接受教育程度不高，因此具有很大的可塑空间，加大农村劳动力的文化教育培养力度，提高农村劳动力的教育文化程度，对于新农村建设具有积极而深远的影响。

总而言之，新农村的建设离不开农村的劳动力，广大农民是新农村的主要建设者。不断地提高农村劳动力的素质，优化农村劳动力资源的配置，从现实出发，深入剖析问题的根源，找出合理解决问题的方式，就可以把农村劳动力巨大的数量压力转化为劳动力资源优势，使其成为推动我国新农村建设的强大动力。农村中的经营形式伴随着改革开放和市场经济的深入发展，在发展多种经济成分的同时，农村中也发展出了多种经营形式。其主要的经营形式有：

第一，双层经营。其基础层次为联产承包，以家庭经营为单位；其统一层次为专业组织，为家庭经营提供社会化服务。该经营方式同分结合，突破了过去单一的集体经营模式，促使集体财产与农民自有财产相结合，相互作用发展新的生产力，使得群体和个体的积极性都可以得到充分发挥。

第二，承包经营。这种经营形式是由承包者向资产所有者支付一定数量的承包款，在合同条款约定的范围内，所有者对承包者的生产经营活动不再进行干预，使得承包者具有了生产经营的自主权。

第三，股份制经营。这种经营形式是在不改变生产资料所有权的前提下，以发行股票或债券的形式筹集资金、组合生产要素来组织物质生产和流通的经营形式。农产品市场化的发展是产生股份合作制的根本动力，这种经营模式反映了所有者、经营者和劳动者经济利益的一致性，通过股份制的经营方式，使得三者的切身利益与企业经营的好坏紧密相连。因此，股份制经营具有强大的凝聚力和广泛的适应力。如今很多农村的经济联合体都采用了这样的经营形式。

第四，租赁经营。这种经营形式是把企业或者企业的部分生产资料的所有权和经营权，以租赁的形式，实行有阶段、有限制的分离。在农村经济体制改革的过程中，一些连年亏损、经营不善的企业，甚至能盈利的企业都能以租赁的形式交由他人经营。这不仅是存在于二、三产业的一种经营形式，同时也是对于土地承包制的一种补充。

第五，合伙经营。这种经营形式是由两人以上对约定的项目共同出资，实行联合经营。其具有合作经济的因素，是个体经济向合作经济的过渡形式。

第六，家庭经营。我国现今实行的家庭经营模式是从合作经济中分解出来，又引入合作经济轨道的经营形式。我国农业生产的主要基层单位为家庭，独立核算，自负盈亏，是相对独立的商品生产者。自身需要承担生产风险的同时还需承担市场风险。在进入市场经济体系下，需要对家庭经营的产前和产后多方面提供社会化服务，同时家庭经营正在由单一经营向综合经营发展，由原本的农业土地经营向二、三产业发展，经营范围逐步拓宽。

第七，产业化经营。这种经营方式是以市场的需求为导向，以经济效益为中心，以资源开发利用为基础，对农村的主导产业和重点产品，按照产供销、种养加、贸工农、经科教一体化的要求，实行优化组合发展一体化、专业化、区域化的经营体系。

农业是国民经济的基础，农业发展是关系我国经济发展的重要问题，发展现代农业是推进社会主义新农村建设的着力点和首要任务，而发展现代农业，推进新农村建设，不断发展多种经济成分和经营形式，离不开多种形式农村金融的支持，同时也促进了农村金融的完善和发展。

第二节　农村金融与农村资金运动

农村资金是在农村再生产过程中，通过不断地资金运动，保证和增加自身价值的资金。从广义上来看，中国农村资金既包括货币资金，又包括实物资金；从资金流向来看，既有资金的流入，又有资金的流出；从资金的供求主体来看，既包括农户、农村中小企业等，又包括农村金融机构和政府机构等。

农村资金根据不同的分类标准可分为不同的类型。根据在生产活动中存在形态不同，可以分成货币资金、生产资金和商品资金；按照流转的周期不同，可分为固定资金和流动资金；根据来源的不同，可以分成自有资金、财政资金和信贷资金。

一、农村资金的来源与运用

（一）农业资金的来源

农村中的每个生产经营单位，由于组织形式、经营方式、管理规模等各方面的差异，获得资金的渠道是不同的。但从总体上来说，可以概括为三个来源：自有资金、财政资金和信贷资金。

1. 自有资金

自有资金主要依靠各单位的内部聚集，包括国有企业、集体经济组织和企业、农户和所办企业的自有资金。自改革开放以来，我国农村实行以家庭联产承包责任制为基础的双层经营，农户拥有的自有资金是资金的主要来源，且其所占的比重较大。

2. 财政资金

财政资金包括财政预算对农村的拨款、各级地方政府及农业主管部门筹集用于农村的投资。该资金主要用于支援农村生产、农业开发，作为农林水气等部门的日常维护费用，支援不发达地区的农林水气基础设施建设、农林水气科技的研发等。

3. 信贷资金

总的来讲，信贷资金是农村资金的重要来源，为农村提供信贷资金的金融机构主要有农村信用社、中国农业银行、中国农业发展银行、中国人民银行、中国邮政储蓄银行、村镇银行、贷款公司等。近年来，农村信用社作为重要机构，一直是农村信贷资金的主要提供者。中国农业银行把支持农业产业化经营作为支农工作的重点，同时还承担了扶贫贷款、以电网改造为重点的农村基础设施建设贷款和农村城镇化贷款业务。中国人民银行通过再贷款等措施不断加大对农村金融机构的投入。2007年，中国银监会核准了包括村镇银行、贷款公司和农村资金互助社在内的31家新型农村金融机构开业，在引导社会资本到农村创业发展和开辟农村金融供给新渠道上做出了有益探索。此外，中央和地方财政通过财政补贴、停息挂账、减免税收等措施，间接增加了农村信贷资金。由于我国的特殊国情，现有的正规金融体系仍难以满足农户的贷款要求，因此以民间借贷方式筹集的资金也占有相当大的比重。

（二）农村资金的运用

农村资金的运用，是农村生产经营单位的资金存在形式。由各种资金来源渠道形成的资金，进入生产过程后按照其周转的特点，可分为固定资金和流动资金两种运用形式。

1. 固定资金

固定资金是指垫支在劳动手段上的资金，它的实物形态是固定资产，如厂房、机器设备等，它在参加很多次生产过程后才完成其一次周转。

农村固定资金的特点有以下两个方面：一是价值相对较小。农村农业中机械化程度比较低，人力畜力所占的比重还较大，固定资产少，价值不高；农村工业中的有机构成一般也低于城市，多为劳动密集型行业，这是农村就地发展工业的优势之一。二是牲畜既可作为固定资产，也可作为流动资产。牲畜既可以在生产过程中执行劳动手段职能，如养牛耕地；也可执行劳动对象的职能，如养牛卖肉。

2. 流动资金

流动资金是指垫支在劳动对象、工资及流通费用等方面的资金。流动资金的实物形态是流动资产，如原材料、燃料、库存成品等。流动资金每参加一次生产过程，就完成一次周转。在农村家庭式经营中，流动资金既可用于生产垫支，也可用于农户内部的生活消费，不易划清，必须加以正确引导。

（三）农村资金运动的特点

研究农村资金运动，也是研究农村资金的周转循环，这是研究农村信用关系的出发点。改革开放前，我国农村经济处于相对不发达的状态，农村的非农业生产并不发达，农业是农村经济的主体。在这个阶段农村资金运行的特点与农村在生产过程中的特点相对应，具有季节性、缓慢性的特点。

第一，季节性特点。农业生产以动植物培育为主，受天气、季节的影响较大，谷物一般都有相应的种植季节和收获季节，因此在收获季节前，资金比较紧张，贷款需求量相对较大。而到农作物收成后，又会有大量的资金回流，可以归还贷款，从而使农村资金的运动表现出明显的季节性。

第二，缓慢性特点。在动植物生长过程中，除人类劳动时间外，还需要有一段自然生长时间，而且这段生产时间的长短，目前人力还不能完全控制。这就使得农业资金运动的周期要比工商业长，农业资金的积累也比较缓慢，并且贷款的期限都比较长。

20世纪80年代以来，随着我国农业经济水平的不断提高，农村产业结构也发生了显著变化。一些农村地区的非农产业比较发达，农业比重逐年减少，相应的，农村资金运动也呈现出新的变化，具有了一些新的特点。

第一，资金的来源与运用呈现多元化的发展趋势。从产业结构角度来看，之前的农村资金是源于农业、用于农业，而现今已经转变为源于各行业、用于各行业。从经营方式角度来看，之前农业中的资金来源与运用是以集体经济为主，而现今已转向农户家庭经营为主。对此，必须对农村资金进行统筹安排、合理分配。

第二，农村经济对资金的依赖性增强。农村商品经济的发展，致使农村经济的发展速度及规模较大地依赖于资金的投入规模，因而农村经济的发展对资金的需求越来越大的同时，依赖性也越来越强。所以，需要对农村资金的融通加强重视。

第三，资金运动的空间范围扩大。改革开放前，农村以农业为主，农业又以种植为主，农村资金运动相当的局限。改革开放后，商品生产和流通得以在更广的规模和范围内进行，农村资金运动的空间开阔，流动性增强。因此，为了在更大范围内配置农村资金，虽然增加了资金管理的难度和风险，但有利于提高资金的配置效率。

第四，资金运动的风险性增加，营利性增强。计划经济时期，农村的农业生产只有自然风险，没有市场风险。改革开放后，不仅非农产业的发展具有市场风险，而且农业生产经营也具有市场风险，但农户还不太适应市场经济，大部分农民的经营水平较低。同时，信息不灵，交通不便，加之社会经济秩序不好，导致农村资金运动的风险性增大。

第五，资金运动的季节性减弱。农村非农产业的发展使农村资金运动的季节性大为减弱，这一点在经济发达地区的农村表现得尤为突出。同时，由于农业内部的生产结构、产品结构趋于合理化，这在一定程度上有助于农村资金供求矛盾的缓解。但由于农业生产、农村消费的季节性特点不能完全消除，相应的农村资金运动季节性问题仍需得到重视。

（四）农村资金当前的流转情况

农户、农村中小企业和城市工商业是农村资金主要的流向。

农村资金的来源主要包括农村居民、农村的经济组织和农村中小企业暂时闲置的货币资金，还包括学校等事业单位获得的临时闲置的由财政集中拨付、分期使用的资金，以及中央银行对农村金融机构的再贷款等。

从我国的现实情况来看，具有真正意义上的直接融资的发展时间并不是很长，从直接融资的角度来说，农村的资金主要是流向农户和农村中小企业，作为农户的生活、生产资金以及企业的生产资金。

二、农村信贷资金的供求

（一）农村信贷资金的需求

农村信贷资金的需求包括农户、农村企业以及农村公共事业信贷资金的需求。农户和农村企业两类主体的信贷资金的需求是农村金融市场上最基本、最活跃的需求，也是具有中国农村金融特色的需求。我国公共事业经营管理机制改革以来，财政在农村基础设施和社会事业设施方面的投入比例逐渐变小，农村对公共事业基础设施投入的资金需要依靠金融市场解决，这方面的融资需求日益迫切，对新农村建设的意义重大。

20世纪80年代以来，农户成为我国农村最基本的生产单元，并且这一现状还将长期存在。随着农村市场经济的不断发展，农户的经济行为日益活跃，当前和潜在的农户资金需求总量相当得巨大。我国农户具有双重身份，既是独立的生产实体，又是基本的消费单元，因此农户对信贷资金的需求主要集中在生产和生活需求两个方面。

农村企业大部分是中小型企业，为农村增加就业和经济增长做出显著贡献。由于我国农村工业化进程尚处于起步阶段，农村企业大多属于发育成长期的小企业，而且个体和私营企业占了多数，主要是从事农产品的生产、加工和流通，以及与农民生活密切相关的建材业。然而目前农村企业普遍面临资金短缺问题，并且农村企业是立足于当地资源而由乡村投资发展起来的，生产的是面向市场的资源产品，基本处于完全竞争状态。在这样的情形下，因为市场供需的不确定性较大，信息不够对称，造成农村企业经营的风险较大，所以农村金融机构对其发放贷款特别谨慎，使得农村企业所面临的资金短缺问题一直较为突出。

农村的公共事业体系对资金的需求主要表现在农村文化教育和农村医疗卫生建设两个方面。农村文化教育、医疗卫生、社会保障、社会救助等公共服务设施和服务体系的建设，都需要大量、充分的资金。而在农村基础设施建设中，农业现代化基础设施和城镇化建设对金融的需求已经越来越明显。

不同类型的需求主体，其信贷需求的特征和满足信贷需求来源以及信贷需求的手段与要求是不同的。具体来说，中国农村信贷需求结构主要体现为以下两方面：

第一，作为信贷需求主体的农户，包括贫困户、温饱型农户和市场型农户。贫困户的信贷需求特征表现为生产开支，信贷供给来源主要为民间小额信贷、小额商业信贷、政策性扶贫贷款等；温饱型农户的信贷需求特征表现为种养生产，信贷供给来源主要为民间信贷、小额商业贷款、信用贷款等；市场型农户的信贷需求特征表现为专业化规模生产，信贷供给来源主要为自有资金或商业信贷。

第二，作为信贷需求主体的农村企业，包括资源型小企业、具有一定规模的企业和龙头企业。资源型小企业的信贷需求特征表现为启动市场、扩大规模，信贷供给来源主要为自有资金、民间信贷、商业信贷和政策金融等;具有一定规模的企业的信贷需求特征表现为生产贷款,信贷供给来源主要为自有资金和商业信贷;发育初期的龙头企业的信贷需求特征表现为扩大规模,信贷供给来源主要为商业信贷、风险投资、政策金融资金,成熟期的龙头企业的信贷需求特征表现为规模化生产,信贷供给来源主要为商业信贷。

农村基层政府的信贷需求特征为基础设施建设、提供公共产品,信贷供给来源主要为财政预算和政策金融。

(二)农村信贷资金的供应

金融资源是经济发展的"血液",经济发展离不开金融的支持。农村金融资源的供给必须适应农村经济发展对金融的需求,我国农村信贷资金供给主体可以分为正规金融机构和非正规金融机构。农村正规金融机构又分为政策性金融机构、商业性金融机构、农村合作金融机构和新型农村金融机构;非正规金融机构是相对于正式金融机构而言的,泛指不通过正式金融机构的其他金融形式及活动,包括农户、民间的金融活动和各类非正式金融组织的金融活动。

1. 农村正规金融机构信贷资金的供应

自20世纪90年代国有商业银行股份制改革以来,国有商业银行大规模撤销了县级机构,股份制商业银行几乎没有设立县级机构,目前我国农村商业性金融机构主要为中国农业银行、中国邮政储蓄银行以及农村商业银行。中国农业银行网点遍布中国城乡,成为国内网点最多、业务辐射范围最广的大型国有商业银行,是中国最大的银行之一。邮政储蓄银行自1986年恢复开办以来,经过20多年的发展,现已建成全国覆盖城乡网点面最广、交易额最多的个人金融服务网络,逐渐成为沟通城乡居民个人结算的主渠道,是一支不容忽视的金融力量。农村商业银行也是我国农村地区商业性金融机构之一,它规模较农业银行等大型金融机构小,但是相对于农业银行而言,农村商业银行更加贴近农村。

我国目前主要的农村合作金融机构是农村信用社。农村信用社是目前农村金融市场中最大的供给主体,机构基本覆盖了全国的各个村镇,其主要职责是为农民、农业和农村经济发展提供金融服务,主要业务为提供储蓄、抵押类贷款和小额信用贷款等。

2006年12月,银监会发布了《关于调整放宽农村地区银行业金融机构准入政策更好支持社会主义新农村建设的若干意见》,在这个意见的指导下,各类资本到农村地区投资设立了村镇银行、小额贷款公司和农村资金互助社等新型农村金融机构。由此,新型农村金融机构诞生。小额贷款公司主要是以经营小额贷款为主,不吸收公众存款的有限责任公司或股份有限公司。村镇银行主要是为当地农民、农业和农村经济发展提供金融服务。农村资金互助社是经银行业监督管理机构批准,由乡(镇)、行政村农民和农村小企业自愿入股组成,为社员提供存款、贷款、结算等服务。

2. 农村非正规金融机构信贷资金的供应

农村非正规金融供给的产生具有悠久的历史,随着农村经济社会的发展,存在的形式也不断演进,既有助于满足融资困境中的农户对资金的需求,还可进一步推动正规金融深化改革。

非正规金融组织形式源远流长,各种互助会(或简称"合会")、私人钱庄、集资、储贷协会、基金会、典当行等都是民间金融组织的变体。互助会具有储蓄和互助保险的性质,主要融资功能是用于日常消费资金的融通余缺,它在我国农村比较普遍。私人钱庄具有储蓄和贷款的功能,甚至可以办理很多汇兑业务,规模一般也较大,它在一些经济发达的地区较为普遍。储贷协会和基金会在我国农村也较为普遍,它们经营的方式比较灵活,办理业务的手续比较方便、简单、快捷,经营成本也比较低,曾一度是农村经济发展的主要融资渠道之一。典当行作为古老的民间金融形式,具有短期抵押贷款的性质,它的主要功能是进行短期资金的融通。

（三）农村信贷资金供求的现实考察

我国农村信贷资金供求处于非均衡状态，即需求旺盛但供给短缺，信贷供求矛盾异常突出。其结果是民间借贷融资顺势而发，借贷资金价格持续走高，融资成本增大，制约农村经济发展。

我国农村信贷资金供求矛盾尖锐，主要表现在以下四个方面：

第一，农业信贷供给与农业在国民经济中的地位还不太相称。近几年，我国农业贷款规模占全国信贷规模之比在 3.1% ~ 6.78%，这同农业对我国经济发展的贡献极不协调。农业信贷资金供给不足已经严重影响了农业发展的后劲。再者，农村中小企业信贷比重低与农业产业化经营要求不相称。农村金融机构信贷资金投入相对较少，且多集中于少数国家级龙头企业。相对而言，众多中小型农村企业信贷投入比例很低，严重制约其发展壮大。

第二，农业信贷结构与农业产业结构调整还不太相符。随着我国农业结构调整的步伐不断加快，传统种植业在农业中的份额逐步减少，而非传统的种植业，比如畜牧业、水产业、蔬菜业等所占份额逐年上升。而且以乡镇企业为代表的非农产业发展迅速，技术改造和规模扩张的资金需求量加大。可是，在农村，农业信贷结构却没有及时进行调整，缺乏创新模式，贷款投放的局限性还比较大，贷款的品种也只是短期的流动资金，因此，难以达到适应新型农业金融需求的目的。

第三，农户储蓄资金贡献与其获得的信贷支持还不匹配。农村金融机构商业化经营使农户金融活动资金倒流城市和发达地区，为城市工业化和乡村城镇化提供资金来源。而对于农户来说，想获得用于生产和扩大再生产的资金却难以如愿以偿。

第四，农村金融机构区域布局与农村经济发展要求还不协调。在我国，农村金融的发展基本上是以东部和城市为中心逐步推进的模式，农村东部经济发达地区、农村金融机构的区域布局相对较为完善，而中西部地区的分布密度较小。虽然中部地区农村金融市场已形成了农业银行、农村信用社、农业发展银行三足鼎立的态势，但局限还是存在的，其中农业发展银行基本不与个体农户发生直接的信贷业务关系。对大多数农户和农村企业来说，可以享受的金融服务仅仅来自农村信用社的垄断性供给。但是自 20 世纪 90 年代中期以来，农村信用社也走上了撤并机构之路，农村金融服务供给主体区域的布局处于非均衡状态，这就进一步拉大了区域差距，使欠发达地区农业和农村经济的发展受到严重制约。

第三节　农村政策性金融机构

我国农村正规金融体系主要由三部分构成，一是作为商业性金融机构的中国农业银行，二是作为政策性金融机构的中国农业发展银行，三是作为合作金融机构的中国农村信用合作社。此外，农村邮政储蓄也是农村正规金融体系必不可少的组成部分。

一、农业政策性金融机构的定位

中国虽然是一个农业大国，但长期以来所采取的社会经济发展战略，使得农业部门长期处于"政策性"的边缘。在农村金融体系发展的五十多年中，如何正确处理政策性金融与商业性金融关系，一直困扰着农村金融体系的构建者和改革者。国务院 1994 年 4 月 19 日发布的《关于组建中国农业发展银行的通知》，开篇就明确了国务院组建农业发展银行的动因，"为了完善农村金融服务体系，更好地贯彻落实国家产业政策和区域发展政策，促进农业和农村经济的健康发展"。为响应国家政策，中国农业发展银行于1994年11月18日正式成立。它实现了我国农业政策性资金和商业性资金的分离、农业政策金融性业务和商业性金融业务的分离及我国国有专业银行向国有商业银行的转变，标志着我国专门的农业政策性金融机构的诞生。

作为唯一的国有农业政策性银行，中国农业发展银行有其明确的任务、经营目标、独特的职能与作用。根据《中国农业发展银行章程》，中国农业发展银行的主要任务是按照国家的法律、法规和方针、政策，以国家信用为基础，筹集农业政策性信贷资金，承担国家规定的农业政策性金融业务，代理财政性支农资金的拨付，为农业和农村经济发展服务。农业发展银行的业务范围是办理由国务院确定、中国人民银行安排资金并由财政部予以贴息的粮食、棉花、油料、猪肉、食糖等主要农副产品的国家专项储备贷款；办理粮、棉、油、肉等农副产品的收购贷款和棉麻系统棉花初加工企业的贷款；办理国务院确定的扶贫贴息贷款、老少边穷地区发展经济贷款、贫困县县办工业贷款、农业综合开发贷款以及其他财政贴息的农业方面的贷款；办理国家确定的小型农、林、牧、水利基本建设和技术改造贷款；办理中央和省级政府的财政支农资金的代理拨付，为各级政府设立的粮食风险基金开立专户并代理拨付。此外，还有发行金融债券；办理业务范围内开户企事业单位的存款；办理开户企事业单位的结算；境外筹资；办理经国务院和中国人民银行批准的其他业务。

中国农业发展银行秉持的经营目标是办好农村政策性银行，大力支持农村经济发展。因而与一般商业性金融相比，农业发展银行在机构定位上具有以下三大职能：一是扶持性职能。扶持性职能是农业发展银行区别于一般商业银行的最显著的职能。农业是弱质产业，但它所提供的产品关系国计民生，关系人类赖以生存的自然生态环境，因此需要国家特别加以扶持和保护。二是具有倡导性职能。倡导性职能又称为诱导性职能，是指农业政策性金融通过直接或间接的资金投放，吸引民间资金包括金融机构和个人资金从事符合国家农业政策意图的贷款和投资，以推动更多资金投入农业领域。三是具有调控性职能。与其他产业相比，农业在市场竞争中通常处于劣势，难以成为吸引投资的产业。因此，政府必须进行干预和调控，以确保农业与其他国民经济各产业均衡发展。中国农业发展银行自组建以来，认真贯彻落实党中央、国务院制定的路线方针政策，坚持以收购资金封闭管理为中心，逐步建立起了农业政策性银行的组织体系、制度体系，进一步完善了管理体制与经营机制，较好地履行了国务院赋予的收购资金封闭管理职责，基本发挥了国家农业政策银行作用，特别是在保障粮、棉、油收购资金供应，支持粮、棉、油地区农业经济发展方面起到了不可替代的作用。

二、农业政策性金融机构面临的困境

作为唯一一家国有农业政策性银行，中国农业发展银行的业务大体分为三个阶段：第一阶段即1994—1998年，主要是全面经营农业政策性业务，包括开发行业务；第二阶段即1998—2004年，专门负责粮食收购资金的封闭运行；第三阶段即2004年至今，国务院对中国农业发展银行职能调整做出部署，要求其在深化改革和坚持做好粮、棉、油储备贷款的供应和封闭运行管理的基础上，根据粮食流通体制改革的新情况，审慎调整业务范围。目前，中国农业发展银行在为农业和农村经济发展提供金融支持、促进农业和农村经济发展方面取得一定成效的同时，也在运行方面遭遇到一些困难。

第一，资金来源渠道狭窄。从世界各国的情况来看，农业政策性金融机构资金来源的显著特征是成本费低、量大集中、相对稳定和可用期长。中国农业发展银行作为国家政策性银行，是以国家信用为基础的，按照国务院规定的业务范围筹集可靠的资金来源，成为一个独立的筹资主体，履行其作为筹资主体应承担的责任，应当说具有比商业银行更为有利的条件。目前，国务院规定农业发展银行的资金来源渠道，主要有资本金、业务范围内开户企事业单位的存款、发行金融债券、财政支农资金、向中央银行申请再贷款、境外筹资等。一方面加大了中央银行投放基础货币的压力，另一方面提高了农业发展银行的资金运营成本，制约了其发挥政策性金融作用的空间，从长期来看，不利于农业发展银行的生存和发展。

第二，经营机制和管理体制不完善。中国农业发展银行组建以来，尽管下了很大力气建立经营机制和管理体制，并力求使之不断完善，但还存在一些问题：一是经营制度和管理办法是在承袭中国农业银行的基本框架后形成的，不能够较好地适应农业发展银行的运作规律；二是业务增长目前属于数量规模型，数量、范围、规模等不断扩大，质量、效益虽有提高，但还没有实现增长方式的根本转变；三是农业发展银行在收入分配、内部管理等方面还带有一定的行政色彩，经营管理缺乏效率，与现代银行的要求有比较大的差距；四是农业发展银行机构"大一统"和"倒三角"的设置，并且一概以行政区域设立分支行或者业务组的局面，影响了机构整体效率的发挥。

第三，贷款风险防范措施受到局限。中国农业发展银行虽然是政策性银行，但它也是银行，其业务主要是信贷资金。然而比较起同类的商业银行，农业发展银行的贷款却具有其特殊性。首先是贷款对象的特殊性，在客户选择方面受到制约。这就在某种程度上决定了它不能完全以借款人的贷款偿还能力为标准对贷款进行分类。其次是贷款的用途特殊性。贷款需要严格地按照国家粮、棉、油购销和储备政策，用于粮、棉、油收购和储备。由于粮棉物资质量的物理指标有着严格的界定，超期储存和成化变质的粮、棉、油将直接影响贷款的质量，这就决定其不能以贷款期限为标准对贷款质量进行分类，因而使银行贷款风险防范措施受到限制。

上述问题如果不能有效解决，势必制约国有农业政策性银行的可持续发展，不利于其作用的充分发挥。

三、政策性银行改革的政策定位和经营原则

根据国际经验和理论的研究，在当代各国经济金融体制中只有同时存在政策性金融与商业性金融，金融体系才是协调与均衡的，才是稳定和有效的。否则，因为市场失灵，金融体系将会是扭曲的、非均衡的、不稳定的和低效的。因此，应逐步建立起一个功能完备的政策性金融体系。

一个功能完备的政策性金融体系应当包括四个部分，即开发性金融、支持性政策金融、补偿性政策金融和福利性政策金融。开发性金融，应当主要用于与农村社会经济可持续发展密切相关的新农村建设的基础设施建设，如环境保护和发展、农业科技进步、技术创新与推广等方面；支持性政策金融，就是通过政策性金融机构的业务活动，充分反映出政府期望促进发展经济体系中的特定组成部分政策意图；补偿性政策金融，通过政策性金融机构的业务活动来弥补某些弱势或幼稚产业的不足，并对特定弱势群体进行利益补偿。从目前来看，补偿性金融应当集中用于粮、棉、油等国家战略储备性金融支持。所谓福利性政策金融是指为实现共同富裕奠定基础，为特定群体如贫困人口脱贫致富提供资金支持，为资金互助组织提供担保，以及为农村大学生提供教育投资贷款等。这四个方面的金融政策措施，比较全面地覆盖了农村经济社会发展的各阶段各方面，对农业经济社会发展起到全面推动作用。在构建功能完备的政策性金融体系的同时，我国农村政策性银行应该总结吸取十几年经营发展中的经验教训，进一步加强经营管理改革，遵循"政府信用、市场运作、国家目标"这一经营原则，防止"市场失灵"和"政府失灵"。为此，应当从以下几个方面着手：

第一，完善法律，重建"政府信用"。治理市场失灵主要靠"政府信用"，而"政府信用"需要通过法律支持体系来构建。政策性银行在产权上大多属于国家，任何一家政策性银行都要体现政府的产业政策。为了使农业发展银行在经营发展中受到法律的有力制约与监督，避免农业发展银行的经营范围和管理体制的随意性管理；为了使农业发展银行在经营中得到法律的支持和保护，如相关财政税收政策支持和优惠在执行中维持严肃性，在贷款资产保全、维护合法权益等方面得到有效保障；同时避免由于农业发展银行的职责和功能易变性而引发部分相关经济主体的机会主义行为，将政策性信贷资金视为国家财政资金，防止损坏国家政策性银行功能的发挥、破坏社会信用体系行为，必须建立与政策性银行设立、发展、经营管理等有关的法律体系和监管制度。国家对农业发展银行的监管应该明显区别于国家对商业银行的监管，监管的重心在于国家农业产业政策的贯彻落实、信贷资金的安全、最高利率水平的控制、政策性贷款规模执行等，以期重建政府信用。

第二，坚持市场运作，避免与商业性金融机构过度竞争。政策性银行也要按市场规律运作，因为防范"政府失灵"的有效措施是坚持市场运作。市场运作是指"独立核算，自主、保本经营，企业化管理"。不实行独立核算，农业发展银行在经营中难免出现部门利益至上，出现道德风险；不实行自主、保本经营，企业化管理，就无法防范风险，最后失信于社会。政策性银行之所以不与商业性金融竞争，因为其毕竟有着政策和资金方面的优势，同时政策性金融的本来职能就是弥补市场的不足。当然，在实际操作上，因为市场不足和市场失败领域是个动态的过程，某一特定领域由资金短缺到充分供给需要有一个过程，也因为金融业务自身具有一定的延续性，从放出贷款到收回贷款需要一个时间过程。另外，一些带有政府税收优惠、贴息的金融业务在金融系统一视同仁、招标实施，这同样会带来竞争问题。因此，应当不排除政策性金融机构与商业性金融机构存在适度的交叉。如果因交叉过度引发激烈竞争，应通过政府进行控制和调整，所以要解决农业发展银行的定位，首先应确定市场与政府的边界，即哪些业务真正属于公共商品或准公共商品范畴，进而比较政府和民间的供应成本，在此基础上再来规划农业发展银行的职能。

目前达成共识的观点主要是，按市场机制原则形成农业政策性银行可持续发展机制。在国家政策支持下，要解决好以下基本问题：一是健全资本金的补充机制，即要建立一个动态的、可持续发展的、与农业政策性银行业务发展有内在联系的补充机制。二是建立稳定的低成本的资金来源机制，即要根据农业政策性银行的特点，按照政策性银行市场化运营模式转变的要求，拓宽资金来源渠道，增强自主筹资功能，优化负责结构，降低资金成本。三是按照政策定位拓宽业务范围。目前，农业发展银行在继续做好粮、棉、油收购贷款业务为主体，支持龙头企业、农副产品加工和转化的同时，在政策支持下开展开发性和支持性金融等中长期贷款业务、发展中间业务为补充的两翼格局。四是完善农业政策性银行的金融监管制度。其主要是取消农业政策性银行上缴存款准备金的做法，或取消政策性业务部分存款准备金；制定适合农业政策性银行的信贷资产质量监管体系和办法，根据农业发展银行业务效益差、风险大、资产质量一般较差的特点，提高风险拨备税前计提比例；坚持保本微利的经营方针，防范农业发展银行商业化和财政化两个倾向。五是创立良好的外部环境。目前，我国农业发展银行的运营依据是建行初期所制定的《中国农业发展银行章程》，但随着经济的发展和农村金融体制的改革，其中一些规定开始显得滞后和偏离。所以，当务之急是制定顺应时代的农业政策性的金融法律，用法律的手段对农业发展银行进行监督。

此外，农业政策环境有待进一步优化。在发达国家存在着大量的农业补贴，但这并不是由它们的农业政策性金融机构来办理或者负责，而是由政府直接办理，所以这些机构就不必办这种几乎纯粹性的政策性业务，也就避免了产生完全亏损，因而有利于农业政策性金融机构的可持续发展。

当然，我国农村金融要做到为农村社会经济提供更好的服务，除了要发挥包括政策性银行在内的农村正规金融机构的作用，还要逐步发挥非正规金融体系的积极性，使之成为正规金融体系的重要补充。

第四节　新型农村金融机构

作为农业大国，农村经济发展制约着我国经济的长期可持续发展，而农村金融俨然已成为农村经济的核心。为破解"三农"问题，提高农村金融服务水平，提升金融支持社会主义新农村发展能力，从 2004 年开始中央每年初都会颁布针对农村的"一号文件"。2017 年中央一号文件明确指出，支持农村商业银行、农村合作银行、村镇银行等农村中小金融机构立足县域，加大服务"三农"的力度。

从 2006 年末银监会放宽农村地区银行业金融机构市场准入政策后，新型农村金融机构在农村应运而生。山东、吉林等先试行，探索以村镇银行、贷款公司、农村资金互助社为主的新型农村金融机构试点发展。截至 2015 年 12 月末，全国农村金融机构有 3676 家，其中新型农村金融机构为 1373 家，占比超 37%。经过十年的实践发展，新型农村金融机构在数量和金融产品上都有了显著突破，但也暴露出诸多问题，其可持续发展也存在挑战。

一、新型农村金融机构发展现状

（一）农村金融发展现状分析

受起步晚的影响，我国农村金融体制、结构和发展状况存在种种"瓶颈"，导致新型农村金融机构发展面临的金融环境相对滞后。

一是农村正规金融机构网点数量较少。商业银行多数将网点设在乡镇，在农村设点的很少，而贫困山区更是金融服务的空白区域。二是农村金融多元化程度较低。农村金融供给较为单一，银行业务大多侧重于见效快、重利润的个体工商业贷款，对农村居民消费贷款、科技创新、基础设施建设的资金支持仍然欠缺。三是民间借贷风险突出。农村民间借贷总额庞大，但缺乏切实有效的监管，容易引发种种问题，而且其游离于国家统计和货币政策控制之外，可能导致国家的金融政策发生偏离，从而增加政策制定的难度。四是农业保险发展较慢。

作为金融三大支柱之一，保险在农村经济建设中发挥着不可忽视的作用。然而目前农村农业保险市场的险种较为单一，近年来农保更是面临着保额、保费不断下滑，承保面逐年缩减的窘境。

（二）制约新型农村金融机构可持续发展的因素分析

通过探究农村金融发展存在的问题，结合近年来新型农村金融机构的发展状况，可以发现其可持续发展存在诸多制约因素。

一是政策扶持力度不足。虽然近年来国家财政部和金融相关部门陆续出台了对新型农村金融机构进行定向税收减免和补贴的激励政策来调动其积极性，也取得了一些成效，但目前政策的深度和广度还有待提高。加之受各种现实因素的影响，许多金融机构没办法享受到政府的扶持，激励政策的效果不尽如人意。二是监管方式亟待改进。目前关于农村的金融监管法律法规相对滞后，且多停留于理论和原则性的规定。监管体系也尚未适应农村金融发展需求，承担监管职责的县域银监机构和地方金融办人员稀少，而且多数人员未能达到对"金融"这一特殊行业的监管能力要求。三是资金来源渠道单一。作为新生事物，新型金融机构成立时间短、公信度偏低，存款客户多为农民或小微企业，存款金额少。并且受制度规定，村镇银行无法找银行业进行资金借贷，农村资金互助社资金主要来自社员储蓄，贷款公司"只贷不存"，严重抑制了其融资渠道。四是农村金融配套较差。农村金融人才匮乏，新型金融机构的人员通常为应届毕业生或是从发起行派遣来的老员工，对于农村当地情况不熟，金融知识和专业能力与岗位需求不能很好的匹配。加之农村征信体系尚未健全，各种配套体制建设还不够完善，这些因素都成为其发展的桎梏。

二、我国新型农村金融机构可持续发展的对策

结合国外成功经验，立足本国国情，对我国新型农村金融机构的可持续发展提出如下建议：

一是强化政府扶持力度。农村金融供给具有外部性，因此新型农村金融机构发展离不开政府的支持，政府部门应尽可能给予财政和资金支持以及税收优惠政策，提供相应的税收减免和财政补贴，同时加大货币金融政策扶持，确保新型农村金融机构发展的积极性，助其度过薄弱的发展前期。二是建立健全监管体系。逐步完善相关法律法规，建立长期有效机制和实行奖惩制度。在风险控制的前提下可以适当放宽农村金融市场的准入门槛，引导民间资本服务农村和农业发展。同时，根据不同类型金融机构的特点探索建立差别化监管制度。三是完善农村金融生态建设。大力建设农村社会信用体系，形成较为完备的信用评价体系以及信用激励和惩戒机制。推动落实存款保险制度，增强储户信心，为新型农村金融机构可持续发展提供外部保障。加速发展农业保险，缓解涉农贷款风险大导致的"贷款难"问题。四是加强金融产品和服务的创新。新型农村金融机构要获得客户认可，最根本的还是要充分发挥自身优势，坚定服务"三农"定位不动摇，通过实地调研挖掘农户个性化需求开展金融业务，提升产品和服务的针对性，才能逐步提高其公信力，从而确保可持续发展。

第五章 农业企业融资

在农业产业化的进程中，农业企业不断向现代企业转变，但是先前遗留的历史问题使得农业企业资本质量差、信用资质低，很难获得银行贷款，除此之外的融资渠道更是将大多数的农业企业排除在外，因此农业企业的融资环境十分恶劣。但是企业要发展资金是关键，农业企业要加速向现代企业转变，当务之急就是解决农业企业的融资问题。

企业要想快速发展，仅凭自有资金的积累已经不能满足需要，获取资本市场的资金是缓解企业发展中资金紧张的上好办法。把握企业发展的战略层面需要而获得资金支持至关重要，这将为企业的资金用在最恰当的地方提供参考，那么农业企业究竟有什么融资需要？此外，农业企业现有的融资体系以及在现有融资体系下农业企业的融资现状如何呢？

第一节 农业企业的融资现状

从广义上讲，融资也称为金融，就是货币资金的融通，是当事人通过各种方式到金融市场上筹措或贷放资金的行为。现代汉语词典认为，融资是指通过借贷、租赁、集资等方式而使资金得以合并流通。因此，广义上的融资是一种双向的互动过程，不仅包括资金的融入而且包括资金的融出。对于任何经济主体而言，都不可能完全利用自有资金满足生产和发展的需要，为了保证进行正常生产和扩大再生产，必须不断地从外界获取必要的资金，进行融资活动。

一、农业企业融资现状

新时期，农业企业的发展面临严重的资金困难：一方面，仅靠"三农"领域自身的积累能力无法满足其资金需要；另一方面，由于风险性较大，常规的银行信贷活动难以投资支持。因此，解决融资难的问题也就成为农业企业可持续发展的当务之急。

农业企业持续、稳定地增长，需要农业企业的资本投入保持一定的增长速度。在融资方式上，农业企业融资可以内源、外源融资以及直接、间接融资等不同的融资措施。根据资金来源不同，农业企业融资可分为内源融资和外源融资。内源融资是指企业自有资金（包括未分配利润、公积金、公益金等）看成企业向自己进行融资，以及企业向员工发行的内部股票、债券以及员工集资等。外源融资是企业向企业外部主体进行融资，包括一般意义上的股票、债券、银行贷款等。由于融资方式的不同，企业外源融资又可以分为直接融资和间接融资。直接融资是企业不通过中介组织，直接向资金所有者进行融资；间接融资是企业通过如商业银行等中介进行融资。

当前，我国少量的财政性资金基本流向国有大型企业，专为农业企业提供信用担保的服务体系也刚刚起步。因此，在当前的体制和制度下，我国农业企业还主要依赖于间接融资。农业企业融资来源以银行贷款和农村信用社贷款为主，对银行贷款、信用社贷款具有很强的依赖性，贷款（负债）是农业企业融资和扩大总资产的主要途径。我国国有商业银行原来定位于服务国有企业，且考虑到企业贷款成本和风险，将贷款投向农业企业尤其是中小农业企业的比例较小。虽然近几年来国家开始注意到中小企业融资问题，出台了有关政策，但收效甚微，多数农业企业从银行获得贷款的难度仍然较大。在农业企业融资中，内源融资（如企业积累基金）和各种直接融资的相对地位仍然比较低。农业企业内部利润分配过程中多存在短期化倾向，缺乏长期经营思想，其自身积累意识淡薄，很少从企业发展角度考虑自留资金来补充经营资金的不足。由于农业企业规模小、资金实力差，基本无力进入资本市场进行直接融资。

农业企业的资金来源不外乎以下几种：一是金融机构贷款，包括商业银行、政策性银行、信用社等；二是准金融机构贷款，主要是典当行和政府管理的小额信贷（不属金融监管机关监管范畴）等；三是民间借贷，主要是个人借贷、个人和企业组织之间的直接借款行为以及高利贷、合会、私人钱庄等；四是自筹资金，包括自有资金和股份公司上市直接融资。其中，准金融机构贷款一类的数量、规模均十分有限，用"杯水车薪"形容犹有不及；就自筹资金而言，一方面企业自有资金有限，另一方面，虽然农业企业可以通过改制上市，利用股票市场进行直接融资，但这对绝大多数农业企业而言仍然是遥不可及的。农业企业融资难已经成为社会各界的共识和农村经济进一步发展的"瓶颈"。

（一）内源融资状况

资金是企业生存发展的血脉，如果企业自身造血机制不完善，一味追求外源输血，将难以在激烈的市场竞争中得到生存发展，而现实中，内源融资状况却是不尽如人意的。

农村企业的借款主要以短期周转性用途为主，企业的投资活动加大了对外部借款的依赖，但企业长期投资主要依赖于企业的内源性融资。据调查，在188个企业回答的项目投资资金来源的具体问题时，有84.04%的企业是用自有资金投资，而且在总样本中自有资金占投资总额的比重平均值达73.81%，且大部分企业自有资金所占的比重超过了80%。这说明企业的长期投资更主要地依赖内源性融资。但企业的长期投资行为会加剧企业的流动性问题，增强企业对外部借款的依赖程度。借款的短期性制约了企业的长期投资，有强烈长期投资需要的企业不得不将短期借款转为长期使用，导致流动性风险增加。

1. 自我积累意识差

比较理想的权益结构是实收资本小于各项积累，以积累为投入资本的2倍为宜。这种比例可以减少分红的压力，使企业有可能重视长远的发展。

一方面，大多数中小农业企业管理者对内源融资的重要性缺乏认识，企业自我积累的意识差。内源性融资是企业不断将自身的留存收益和折旧转化为投资的过程，也是企业挖掘内部资金潜力、提高内部资金使用效率的过程。在市场经济发展中，只要企业不是处于简单的再生产状态，对资金的需求将会不断扩大。内源性融资自主性强，是成本最低、风险最小的融资渠道，应该为各种类型、不同发展阶段的企业所重视和采纳。然而中小农业企业管理者还没有充分意识到内源融资的重要性和意义，自我积累意识淡薄，内部利润分配中存在短期化倾向，缺乏长期经营的思想，很少从企业发展的角度用自留资金来补充经营资金之不足。我国市场经济的发展时间较短，严格意义上的企业应该从20世纪90年代初期才刚刚起步，中小农业企业的创业者自身的资本积累尚不足以支持企业的发展。

另一方面，农业小企业赢利水平普遍不高，留存收益偏少。留存收益指企业历年实现的利润中提取或留存于企业的内部积累，它源于企业的生产经营活动所实现的利润。它与资本金的区别在于，资本金主要源于企业的资本投入，而留存收益则源于企业的资本增值。企业的留存收益是企业内源融资的重要渠道。然而，留存收益提取的基础是利润，由于我国的农业小企业多数为劳动密集型的企业，平均利润水平不高，仅依靠利润留成作为企业的主要资金来源，远远无法满足企业投资发展的需要。这种状况不仅给我国农业小企业生产和再生产的资金所需带来困难，而且会导致失去许多市场机会，在竞争中处于不利地位。

2. 税费负担重，自身积累乏力

非公有中小企业除了缴纳企业所得税外，还要缴纳各种行政性税费，使它们的投资收益大大削减。农业小企业由于产业弱质性，自身赢利能力比较低，在高税收政策的影响下更加积累乏力，资本增长缓慢。

3. 折旧率过低

折旧率过低，无法满足中小农业企业进行固定资产更新改造的需要。长期以来，我国一直实行低折旧的制度，折旧率计算上只考虑有形损耗，不考虑无形损耗。企业折旧率过低，加上自留折旧不多，使不少农业企业没有足够的企业资金用于维持简单再生产，就更谈不上进行设备的更新改造升级了。

以前很多企业错误地认为内源融资是一种不得已的方式。其实从理论上讲，一般企业的融资次序应是先内源融资，只有在留利不够时才向银行借款，或在市场上发行债券，最后选择发行股票。内源融资可以提高各中小农业企业的资源配置效率，尤其是在我国信贷紧缩的大环境下，农业企业如果能够获得内部资金融通的便利在企业内部进行资金融通使用，将缓解其所面临的外部融资压力。对农业企业应积极引导它们不断转变经营观念和发展理念，鼓励它们努力寻求合资、合作、合伙、股份合作、股份制改造等途径实现内源资金来源多元化，还可采用再投资退税政策，鼓励其扩大再生产。增强农业企业内源融资能力需要农业企业自身具备一定的财务和管理要求。当前市场经济形势变幻莫测，客观上要求农业企业提高自身的积累能力，增强自我积累意识，客观认识内源融资的重要性。在企业的内部管理上，注意做到坚持以市场为导向，根据市场需求来确定企业的产品资金、生产资金和储备资金，加强财务管理，增加企业财务状况的透明度，防止跌入"三角债"的陷阱。

（二）外源融资状况

外源融资包括债权融资、股权融资、项目融资、争取国家专项资金等。农业企业相比其他行业的企业，在自身的规模、经营管理和发展水平上都有较大的差距，因而在外源融资中很难获得金融机构的青睐。究其根本，一是我国资本市场起步较晚，发展还不规范、规模不大，资本市场的资金融通功能较低。我国在计划经济向市场经济转变的过程中逐步发展起来的资本市场，一方面激发了企业在转型过程中对资金的极度渴求，另一方面资本市场的相关法律规范和运行机制大大落后于企业的快速发展，造成了在企业发展过程中对资本市场的变相解读，同时资本市场也并未在集聚资本的过程中体现更多的市场功能。二是农业企业自身的资质、资产质量、企业管理水平等导致农业企业在进行债权、股权等外源融资的过程中较难得到市场的认可，现阶段能够得到最多的外源性融资是银行贷款和国家专项资金。随着市场在发展中不断走向成熟和农业企业自身的成长，股权融资和项目融资等方式将会越来越多地成为农业企业融资方式的选择。

二、农业企业融资难的原因

（一）外部原因

1. 政策体系不完整

我国尚未形成完整的扶持农业企业发展的经济、金融政策体系，使得农业企业融资和贷款受到束缚和限制。

2. 信息不对称

由于农业小企业大多地处乡镇或县城，银行很难掌握和了解企业的经营情况及资金需求情况。而且由于经营和财务管理能力低，大多数农业小企业不了解金融机构对融资制度、担保制度的信息和技术，缺乏建立对外信用度的经验和能力，甚至有的企业认为这是自己的商业秘密和隐私，不愿意向银行提供真实、完整的财务信息。这种信息不对称容易引发道德风险，使得银行倾向于对企业进行信贷配给。

3. 农业企业的融资手续复杂、成本高

银行等金融机构发放贷款时，存在着贷前调查、贷中审查、贷后监督等成本，每笔贷款的交易成本实际上差别不大，且交易成本有随着融资规模的增加而下降的趋势。我国中小企业的贷款具有数量小、频率高、时间性强等特点，融资的规模经济不明显。此外，很多农业企业在产权制度等方面存在缺陷，普遍缺乏相应的内部控制机制，财务制度不规范，往往会计信息失真。因此与规模大的企业相比，我国农业企业和金融机构之间面临的信息不对称问题就更为严重，融资中存在着巨大的交易成本。

4. 农业企业没有得到民间融资支持

农业企业内源融资不足，外源融资困难较多，使得其不得不从非正式的金融市场上寻找融资渠道，这就是农村民间融资。以温州地区为例，2007年其民间融资额高达1800亿元。由于我国尚未形成对民间融资的正常统计标准，再加上民间融资的不规范性和隐蔽性，故很难得知我国民间融资的准确规模，但即使是我国的民间融资已经达到了相当大的规模，但对于我国农业企业的发展并没有给予有力的资金支持。

5. 农业企业融资渠道单一、手段少、信贷融资困难

尽管农业企业在创办初期大部分资金源于自筹，但发展时间短、利润低，导致其发展能力有限。所以农业企业要想获得较快发展，还要借助于外源融资。但由于各种因素的制约，农业企业要想直接从资本市场上获得风险资本还是比较困难的。据不完全统计，2007年我国农业企业获取外部资金的主要渠道是通过银行贷款，但获得银行信贷支持的农业企业仅占全部中小企业的8%左右，农业企业因无法落实担保而被拒贷的比例高达35%，银行更多的资金贷款则是流向工业企业，可见我国农业企业想获得银行贷款非常困难。

从农业企业的融资现状看，融资难的一个重要原因是融资渠道单一和融资手段不足，导致我国农业企业的负债结构中银行贷款比例过高。我国缺乏对企业债券市场的认识，政府把股份制改革作为推进企业体制改革，建立现代企业制度的主要形式，而忽视了企业债券在经济发展中的作用。我国股票市场发展也十分滞后，由于股票市场建立的初衷是解决我国国有企业资金困难的问题，因而股票上市标准都是为国有企业量身定制的，农业企业难以跨越市场的"门槛"。在法律上，我国《中华人民共和国证券法》规定，上市公司发行人认购部分不少于人民币3000万元，而企业发行债券，股份有限公司的净资产不低于人民币3000万元，有限责任公司的净资产不低于人民币6000万元，这直接限制了大多数中小农业企业仅需直接融资。

（二）内部原因

1. 产业弱质性约束

农业是弱质产业，产业收益相对比较低。以 GDP 增长率为例，第一产业为 5.6%，仅相当于同期第二、三产业 GDP 增长率的 39.8% 和 44.6%。同时，我国属农业自然灾害频发的国家，各种自然灾害呈进一步加重趋势，农业企业抵御自然风险的能力较弱，受自然因素的影响较大：一是农业企业生产经营与自然灾害因素密切相关，如暴风雨、洪涝、干旱、冰雹、病虫害和畜禽瘟疫等自然力作用而产生的一些不可抗拒行为，将对农业种植与养殖业企业的生产经营及成本产生巨大影响，出现不同程度的损害，重则绝产绝收。而农产品加工和流通企业，则由于农产品减产、减收，势必影响正常生产经营。二是由于农产品自然属性易给生产经营者造成损失，如鲜活农产品不及时销售与加工就可能出现变质、腐烂等，严重时甚至变得分文不值。

2. 经营规模小，风险高，收益差，自有资金先天不足

一是中小农业企业经营规模较小，一般处于初创期和成长期，自有资金匮乏，资本积累不多，从业人数、销售额、资产额较少，生产经营成本较高，抵御风险能力较弱。二是产业层次较低。部分中小农业企业属于农业的种植、养殖及加工、流通行业，处于产业链的低端，生产经营的是初级农产品，生产技术简单、生产条件简陋、人员素质不高，产品科技含量低、结构单一、差异度低、品牌影响小、竞争力弱，市场价格走势趋同性高，经济效益较差。三是生产周期较长。农业种植与养殖业生产周期普遍较长，资金周转困难，既承担漫长的生产经营风险，又承担市场行情变化产生的风险，具有较强的季节性，资金及设施利用率不高，投入产出效率低，经营风险大。

3. 中小农业企业信用建设的程度不够

从整体情况来看，我国农业企业大多不太重视信用建设。一般以中小企业为主，面临着激烈的市场竞争，其发展中还存在内部管理制度落后、财务制度不规范、信用观念淡薄等问题，往往忽视了信用建设，这给其取得抵押担保贷款造成了困难。同时，还有部分农业企业借改革之机逃避银行债务，导致直接恶化了银企关系。此外，我国目前尚未建立比较健全的企业信用评估体系、调查体系、担保体系。尤其是农业企业在商业银行等金融机构的信用记录更为少见，使得金融机构在提供融资的时候缺乏信心，这在一定程度上制约了农业企业的融资能力。

中小农业企业的经营管理水平较低，许多企业的组织功能不健全，内部管理机制不科学，一些管理制度与国际通行规则不符等，缺乏技术创新，竞争力弱。

我国农业企业的管理体制存在不规范的问题，金融财务状况透明度不高，企业的诚信制度建立不完善，有关融资政策落实不到位。信用的缺失成为融资困难的重要原因。

4. 农业企业贷款的主要方式是抵押和担保贷款

为减少银行不良资产，防范金融风险，1998 年以来各商业银行（含各类中小金融机构）普遍实行了抵押、担保贷款方式，纯粹的信用贷款已经很少。

由于经营和财务管理能力低，大多数农业小企业不了解金融机构对融资制度、担保制度的信息和技术，缺乏建立对外信用度的经验和能力，甚至有的企业认为这是自己的商业秘密和隐私，不愿意向银行提供真实、完整的财务信息，导致基于财务报表借贷模式的传统贷款分析技术失效或不可行，不得不借助于严格的抵押担保。

贷款抵押担保制度是目前银行发放贷款的通常做法，但担保、抵押却成为农业小企业进行银行融资的主要障碍：一是可供抵押的资产较少。农业小企业由于处于农、林、牧、副、渔行业，在生产经营中所使用的固定资产相对其他行业较少，而且农业小企业使用的土地资源大都属于集体性质，企业并不拥有所有权，只能取得用益物权，不能用于贷款抵押。二是办

理抵押担保业务，环节多、手续烦琐、成本高，导致贷款企业望而却步。三是担保资源比较分散，且流动性差。农业小企业一般拥有多项担保资源，但比较分散，比如存货、应收账款、林权等多项资产或权益，迅速变现能力差。四是保证人数量相对不足。农业小企业经营规模较小，多数处于业务初创期和成长期，股东或经营者所拥有的其他企业资源比较少，信用度不高，关联企业少，寻求贷款保证人比较困难。

5. 通过资本市场进行直接融资的渠道没有打通

资本市场进入成本高昂，农业企业往往很难满足上市要求。因此，在筹集权益资本时，农业企业大多是吸引股东直接入股；在筹集债务资本时，通常首选银行贷款。

6. 农业企业缺乏高素质的财务金融人才

农业企业融资难，很大原因是企业对资本的认知水平过低，像在融资期间不懂资本运作的操作规程，也不知如何与银行或投资方打交道，这样可能会让融资机会溜走。所以，能有一位懂行的财务人员把企业的投资价值推荐给投资方，就显得非常重要。因此，财务专家同样也可以作为农业企业吸纳民间资金的重要途径。

第二节　农业企业的融资环境

任何事物总是与一定的环境相联系和发展的，融资决策也不例外。不同时期、不同国家、不同领域的融资决策有着不同的特征，最终都是因为影响融资决策的环境因素不尽相同而形成的。企业如果不能适应周围的环境，也就很难生存。

一、一般企业的融资环境

（一）重新认识经济发展的周期性波动

一般而言，在萧条阶段，由于整个宏观经济环境的不景气，企业很可能处于紧缩状态，产量和销售量下降，投资锐减，有时资金紧张，有时还会出现资金闲置。在繁荣阶段，一般来说市场需求旺盛，销售大幅度上升，企业为了扩大生产，就要扩大投资，以增添机器设备、存货和劳动力，这就要求决策人员迅速地筹集所需资金。因此，面对周期性波动，决策人员必须预测经济变化情况，适当调整融资战略。目前，世界经济正处于萧条时期，重新认识经济周期性波动，对于我们正确制定企业的融资战略具有重要意义。

（二）重新认识企业面临的法律环境

企业融资是在特定的法律约束下进行的。公司法、证券法、金融法、证券交易法、经济合同法、企业财务通则和企业财务制度等都从不同方面规范或制约着企业的融资活动。中国加入世界贸易组织之后，为了与国际惯例接轨，尽快融入世界经济大潮，新的相关法律相继出台。作为企业的决策人员，应该熟练掌握相关的法律知识，随时了解其变化，为制定企业的融资战略提供最有权威的建议。

（三）高度重视市场环境的变化

在市场经济条件下，每个企业都面临着不同的市场环境，这都会影响和制约企业的融资行为。处于完全垄断市场上的企业销售一般都不成问题，价格波动也不会很大，企业的利润稳中有升，不会形成太大的波动，因而风险较小，可利用较多的债务来筹集资金；而处于完全竞争市场的企业，销售价格完全由市场来决定，价格容易出现上下波动，企业利润也会出现上下波动，因而不宜过多地采用负债方式去筹集资金；处于不完全竞争市场和寡头垄断市场的企业，关键是要使自己的产品超越其他企业，创出特色、创出名牌，这就需要在研究与开发上投入大量的资金，研制出新的优质产品。这就要求企业筹集足够的资金以满足需要。

（四）充分利用金融市场，以保障企业融资战略的实施

在经济活动中，金融市场的存在有着举足轻重的作用，金融市场存在的目标就是将储蓄有效地配置给最终的使用者。如果有储蓄的经济单位恰好是寻求资金的经济单位，那么即使没有金融市场，经济发展也无关紧要。但是在现代经济中，大多数缺乏资金的公司投资于实物资产的资金均超过了自己的储蓄，而对于大多数个人来说，总储蓄超过了总投资，效率要求以最低的成本、最简便的方式把实物资产的最终投资者和最终的储蓄者撮合起来。因此，企业在制定融资战略时应充分运用金融市场的优势，随时了解市场信息，保证企业的融资战略能够很好地得到贯彻实施。

（五）认真分析采购和生产环境，以进行科学投资决策

企业的采购环境有稳定和波动、价格涨跌之分，企业如果处于稳定的采购环境中，则可少储存存货，减少存货占用的资金；反之，则必须增加存货的保险储备，以防存货不足而影响生产，这就要求决策人员把较多的资金投资于存货的保险储备。在物价上涨的情况下，企业应尽量提前进货，以防物价进一步上涨而遭受损失，这就要求为存货储备较多的资金；反之，在物价下降的环境里应尽量随使用随采购，以便从价格下降中得到好处，可以在存货上尽量减少资金的储备。不同的生产企业和服务企业具有不同的生产环境，这些生产环境对企业融资战略具有重要影响。比如，企业的生产如果是高技术型的，那就有比较多的固定资产而只有少数的生产工人，这类企业在固定资产上占用的资金比较多，而工薪费用较少，这就要求企业理财人员必须筹集到足够的长期资金来满足固定资产投资；反之，如果企业生产是劳动密集型的，则可较多地利用短期资金，以满足企业的固定资产投资。

二、农业企业融资环境优化策略

（一）优化农业企业融资的宏观经济环境

国家实行的财政政策和货币政策是宏观经济环境的重要内容。从农业产业结构调整和市场竞争力提升方面分析，国家宏观经济环境优化有助于促进我国农业产业结构调整和市场竞争力提升，有助于提高农业企业的市场认知能力、产品研发能力、技术创新能力，有助于推动农业经济的规模化、市场化、现代化和集约化发展。国家宏观经济政策的变迁可能会对部分农业企业的融资方式、产业结构、发展战略、生产工艺和技术水平等产生直接或间接、显性或隐性的影响，可能会限制部分农业企业的惯性发展，也可能会推动部分农业企业的快速稳固发展。宏观经济环境具有战略性、动态性和调控性，以规范和完善社会主义市场经济体系、明确社会经济发展方向等为主要目的，所以会对某些粗放型农业企业的存续发展产生消极影响；但宏观经济环境的优化将强调农业产业市场的监督管理力度，建立农业产业市场的公平、公正、有序的竞争秩序，规范不同所有制结构、不同资本结构、不同发展规模的农业企业的竞争行为和融资行为等。

（二）优化农业企业融资的政府扶持环境

农业企业的健康有序发展离不开政府的宏观指导、政策支持、税收优惠、监督管理等。为了促进农业企业融资行为运行和农业企业存续发展，中央政府和地方政府要加大对具有较高特殊性的农业企业的扶持力度，完善农业企业健康有序发展的扶持政策和优惠补贴建议，建立合理系统的农业企业融资的政府扶持环境。政府可以通过财政补贴、政府扶持专项基金、投资基金、直接贷款或信用担保贷款等方式，拓展农业企业的融资渠道，营造公平有序、诚信和谐的融资环境，进一步满足农业企业的资金需求。

（三）优化农业企业融资的法律法规环境

完善的法律法规环境是农业企业融资行为的立法基础，是农业企业健康发展的必要保障，是建立良好金融服务秩序和企业竞争秩序的重要前提。因此，政府要不断完善中小企业或农业企业的经营管理、财务管理法律法规建设，不断规范农业企业的融资行为和融资过程，不断改善农业企业规模化和市场化发展的法律法规环境。政府有关部门和金融监督管理机构要颁布明确的企业运营法律法规和政策建议等，出台相应的配套规章制度，从法律层面上规范和约束农业企业的生产、经营、管理、营销、财务行为，切实解决农业企业个体脆弱性和整体重要性的矛盾；要完善合同法、公司法、企业破产法等相关法律，修改或剔除有悖于市场经济运行规律和农业企业发展特点的法律法规，不断建立适宜的、完善的农业企业法律法规，不断强化法律法规的执法效率，不断规范企业相关法律法规的执行公平性以规范农业企业的生产经营行为，不断提高农业企业的整体素质，不断优化农业企业的资本结构、组织结构和管理体制；要不断提升农业企业经营管理者的信用意识，降低农业企业与银行等正规金融机构的信息不对称等，保障投资者与债权者的切身利益，建立良好的农业企业融资环境。

（四）优化农业企业融资的社会服务环境

地方政府要指导建立成立专业的企业服务中介组织，不断完善非营利性中介服务组织的结构设置、职能定位、管理体制、人员组成和服务水平等，以加强中介服务组织在信息共享、管理咨询、投资参考、融资决策、企业管理、技术革新、市场营销等方面的支持和辅导功能，以引导和规范农业企业的经营管理战略、融资决策和技术创新主向等，切实提高农业企业的核心竞争优势，实现农业企业的可持续发展。

政府要积极发展中小农业企业的融资担保机构，按照政府为主、多元筹措方式建立农业企业融资担保基金，以高担保效率、低担保费用、多元抵押担保形式等为农业企业提供良好的金融产品或服务，切实提高农业企业的融资效率和效果。同时，政府要建立综合性服务机构以协调和指导农业企业的融资问题、担保问题、技术创新问题、生产运营问题、员工培训问题、信息共享问题等，切实提高区域、省域的农业企业金融服务工作。

信用担保融资是农业企业多元融资服务体系的重要内容，是建立多层次资本支持体系的重要途径。信用担保制度的建立和完善降低了银企间的信息不对称，降低了银行等正规金融机构的资金发放风险和信贷成本，有利于银行等正规金融机构扩大对农业企业的资金投入力度，使农业企业获取更多的发展资金支持。信用担保机构的生成和发展是多层次、多途径的，可建立以政府为主体的信用担保机构，通过公开透明的运作方式为农业企业等提供资金支持或担保服务，降低农业企业的融资风险和融资成本；可以成立具有独立法人资格的小额信用担保公司，按市场经济原则、以商业担保的形式向企业提供融资担保业务；可以建立中小型农业企业的互助型担保共同体，以共同信用标准和信用等级、风险共担形式等申请融资担保贷款，切实解决部分农业企业个体担保贷款困难、抵押担保物缺失或总量不足导致的融资难题。

第三节　农业企业的融资渠道

企业在初创阶段由于自身发展处于初始阶段、实力不彰得不到资本市场的信赖，从而想获得外部的资本支持几乎是不可能的（能够获得风险投资的高新技术企业除外），因此公司的发展主要依靠企业自有资金的支持。

一、企业盈余融资

（一）留存盈余

留存盈余是企业缴纳所得税后形成的，其所有权属于股东。留存盈余融资是企业内部融资的重要方式。中小企业的收益分配包括向投资者发放股利和企业保留部分盈余两个方面，企业利用留存盈余融资，对税后利润进行分配，确定企业留用的金额，为投资者的长远增值目标服务。

企业利用盈余资金进行投资需要平衡股东的权益分配与企业持续发展之间的关系。企业发展的根本目的是为股东创造最大的价值，股东和管理层需要在利润如何进行留存收益在投资和股利派发之间达成一致意见，既能实现股东价值的不断增值又能促进企业的长远发展。为了进一步理解留存盈余融资，我们首先要确定企业股利分配政策以及类型。企业股利分配政策一般包括以下三个方面内容：

1. 利润分配政策

（1）利润分配项目

①盈余公积金。盈余公积金是从净利润中提取形成，用于弥补公司亏损、扩大公司生产经营或者转为增加公司资本。盈余公积金包括法定盈余公积金和任意盈余公积金。公司分配当年税后利润应当依据 10% 的比例提取法定盈余公积金，当盈余公积金累计额达到公司注册资本的 50% 时，可不再提取。任意盈余公积金的提取由股东会根据需要决定。

②公益金。公益金也是从净利润中提取形成的。专门用于职工集体福利设施建设。公益金按照税后利润的 5% ～ 10% 的比例提取构成。

③股利。向投资者分配的利润。

（2）利润分配顺序

①计算可供分配的利润。将本年利润（亏损）与年初未分配利润（或未弥补亏损）合并，计算出可供分配利润。如果可供分配利润为正数，则进行后续分配。

②计提法定盈余公积金。按抵减年初累计亏损后的本年净利润计提法定盈余公积金。

③计提任意盈余公积金。

④计提公益金。

⑤向股东支付股利。

公司股东会或董事会违反上述利润分配顺序，在抵补亏损和提取法定盈余公积金、公益金之前向股东分配利润的，必须将违反规定发放的利润退还公司。

2. 股利政策的类型

股利政策实施的终极目标是使股东财富最大化，因此企业在确定股利政策之前应权衡各种因素的利弊得失，结合自身实际制定较为理想的股利政策。

（1）剩余股利政策

公司有收益较高（至少高于投资者的必要报酬率）的投资机会时可采用此政策。该政策是指税后利润在满足所有可行的投资项目需要后，如有剩余则派发股利，反之则不发股利。其具体运用方式如下：①确定最佳投资项目；②确定最优资本结构，以综合资本成本率最低为标准，最大限度地利用留存收益来满足所需增加的股东权益数额；③当企业税后净利润超出所需增加的股东权益数额时，可发放股利。

（2）固定股利率政策

这一政策也称为变动股利政策，它是指每年股利支付率保持不变。股票投资者获得的股利从公司税后净利中支付（通常在30%~70%），并且随税后净利的增减而变动，这就保障了公司的股利支付与公司的赢利状况之间保持稳定关系。

（3）固定股利加额外股利政策

企业一般每年按一个固定数额向股东支付正常股利，然后在一段时间内，无论财务状况如何，派发的股利额均不变。

（4）低现金股利加送配方案的股利政策

这一政策是一项包括现金股利和股票股利并同时包括认股权发行的综合政策，也是目前我国大部分上市公司所采用的股利政策。送股是公司将利润转为股本，按增加的股票数比例送给股东。配股是指公司在增发股票时，以一定的比例按优惠价格配售给股东股票，一般净资产收益率大于10%者可采用送股加配股政策。这项政策有利于公司保留现金、扩大股本、稀释流通在外的股票价格。

3．影响股利政策的因素

（1）法律因素

①契约约束。当企业举债经营时，债权人为防止公司以发放股利为名私自减少股东资本的数额，增大债权人的风险，通常在债务契约中含有约束公司派息的条款。如规定每股股利的最高限额；规定只有当公司的某些重要财务比率超过最低的安全标准时，才能发放股利；派发的股息仅可从签约后所产生的盈利中支付，签约前的盈利不可再做股息之用；也有的直接要求只有当企业的偿债基金完全支付后才能发放股利等规定。

②法律法规约束。各国的法律如公司法及其他有关法规对企业的股利分配给予了一定的约束，如资本保全约束、资本积累约束、利润约束、偿债能力约束等。这些约束对于企业制定合理的股利政策均有一定的限制。因此，在下列情况下企业不能分配股利：当企业的流动资产不足以抵偿到期应付债务时；未扣除各项应交税金时；未弥补亏损时；未提取法定盈余公积金时；当期无盈利时；经董事会决定可以按照不超过股票面值6%的比率用盈余公积金分配股利，但分配后盈余公积金不能低于注册资本的25%等。

（2）资金需求因素

从企业的生命周期来看，处于上升期的企业总有较多的投资机会，资金需求量大且来源紧张，因而其股利分配额通常较低；处于成熟期或衰退期的企业，投资机会减少，资金需求相对减少，但资金来源和资金储蓄相对比较丰富，因而其股利分配额较高，由此可见，大量分派现金股利对于股东来说未必是件好事。

（3）财务信息的影响因素

广大投资者将现金股利发放的变化通常看作有关公司盈利能力和经营状况的重要信息来源。公司增加股利发放表明公司董事会和公司管理人员对公司的前途看好，公司未来盈利将有所增加，反之就会减少。因此，股份公司一般不敢轻易改变股利政策，以免产生种种不必要的猜测。

（4）股东投资目的因素

股利政策最终要由董事会决定并经股东大会审议通过，所以股东投资目的如为保证控制权而限制股利支付、为避税目的而限制股利支付、为稳定收益和避免风险而要求多支付股利等，这些足以影响政策的最终确定。

（二）盈余融资的优势

盈余融资是以当期可供分配利润中保留一部分不进入利润分配环节，用于满足企业未来发展的一种内部融资活动，其性质相当于股权融资。这种融资方式的优势主要表现在以下几个方面：

（1）盈余融资方式是一种财务负担最小、融资成本最低的融资方式

盈余融资属于企业内部资金运用的一种策略选择，并不发生企业资金规模外延的增大，也不发生与企业外部的实质性财务关系。所以，其融资成本接近于零，既无显见的筹资成本，也不发生用资成本，是最为经济的一种融资方式。

（2）盈余融资方式下用资风险的保障程度较高

由于盈余融资的资金是企业经营所得，是企业经营者辛辛苦苦赚下的钱，与企业经营者具有一种难以割舍的"亲和力"，这种"亲和力"在用资过程中起到一种内在的约束作用，企业经营者就像用自己的钱一样，故其用资风险的保障程度相对较高。

（3）盈余融资方式可提高公司权益性资金的比重

盈余融资方式可提高公司权益性资金的比重，降低公司的财务风险，稳定公司的资本结构。盈余是企业利润分配决策的关键，从所有者角度来说，当企业预计投资收益率大于盈余资金的机会成本时，所有者愿意接受企业采取盈余融资方式；当企业预计投资收益率小于盈余资金的机会成本时，所有者将难以接受这种融资方式，对企业融资决策形成一定的制约力。同时，盈余融资方式会改变企业的资本结构，直接增加企业所有者权益，从而使企业利益格局向有利于所有者的方向调整，这是促使所有者接受这种融资方式的内在动力。

为使企业盈余保持相对的稳定性，公司易于较好地控制公司的经营运作，如不必发行新股以防止稀释公司的控制权，这是股东愿意接受的。避免发放较多的股利，使高股利收入的股东合法避税，也是有益于股东的，同时，这种低股利政策还可以减少因盈余下降造成的股利无法支付、股份急剧下降的风险，将更多的盈余再投资，以提高公司权益资本比重、降低公司的财务风险、稳定公司的资本结构，无疑对公司是十分有利的。可见，企业采取盈余进行融资，有利于企业市场价值的提升，对外传递着一种利好的信息，提升了企业的信誉度，提高了企业举债融资能力，对于企业的现状和未来发展起到良好的造势和推动作用。

二、村镇银行融资

所谓村镇银行就是指为当地农户或企业提供服务的银行机构。区别于银行的分支机构，村镇银行属一级法人机构。目前，农村只有两种金融主体，一是信用社，二是只存不贷的邮政储蓄，农村的金融市场还处于垄断状态，没有竞争，服务水平就无法得到提高，农民的贷款需求也无法得到满足。改革的出路，就是引进新的金融机构。

（一）村镇银行的含义

村镇银行是指经中国银行业监督管理委员会依据有关法律、法规批准，由境内外金融机构、境内非金融机构企业法人、境内自然人出资，在农村地区设立的主要为当地农民、农业和农村经济发展提供金融服务的银行业金融机构。

村镇银行可经营吸收公众存款，发放短期、中期和长期贷款，办理国内结算，办理票据承兑与贴现，从事同业拆借，从事银行卡业务，代理发行、代理兑付、承销政府债券，代理收付款项及代理保险业务以及经银行业监督管理机构批准的其他业务。

根据国家有关规定，村镇银行还可代理政策性银行、商业银行和保险公司、证券公司等金融机构的业务。

村镇银行作为新型银行业金融机构的主要试点机构，拥有机制灵活、依托现有银行金融机构等优势，自 2007 年以来取得了快速的发展，对我国农村金融市场供给不足、竞争不充分的局面起到了很大的改善作用。但同时村镇银行本身也有诸如成本高、成立时间短等弱点，而且面临着来自其他金融机构的威胁，其发展前景不乐观，村镇银行依然还有很长的路要走。

（二）村镇银行设立的背景和目的

2006 年 12 月 20 日，中国银行业监督管理委员会公布了《关于调整放宽农村地区银行业金融机构准入政策更好支持社会主义新农村建设的若干意见》，其在准入资本范围、注册资本限额、投资人资格、业务准入、高级管理人员准入资格、行政审批、公司治理等方面均有所突破。其中，最重要的突破在于两项放开：一是对所有社会资本放开。境内外银行资本、产业资本、民间资本都可以到农村地区投资、收购、新设银行业金融机构。二是对所有金融机构放开。调低注册资本，取消营运资金限制。在县（市）设立的村镇银行，其注册资本不得低于人民币 300 万元；在乡（镇）设立的村镇银行，其注册资本不得低于人民币 100 万元。在乡（镇）新设立的信用合作组织，其注册资本不得低于人民币 30 万元；在行政村新设立的信用合作组织，其注册资本不得低于人民币 10 万元。放开准入资本范围，积极支持和引导境内外银行资本、产业资本和民间资本到农村地区投资、收购、新设以下各类银行业金融机构。新设银行业法人机构总部原则上设在农村地区，也可以设在大中城市，但其具备贷款服务功能的营业网点只能设在县（市）或县（市）以下的乡（镇）和行政村。农村地区各类银行业金融机构，尤其是新设立的机构，其金融服务必须能够覆盖机构所在地辖内的乡（镇）或行政村。

建立村镇银行是解决我国现有农村地区银行业金融机构覆盖率低、金融供给不足、竞争不充分、金融服务缺位等"金融抑制"问题的创新之举，对于促进农村地区投资多元、种类多样、覆盖全面、治理灵活、服务高效的新型农村金融体系的形成，从而更好地改进和加强农村金融服务、支持社会主义新农村建设、促进农村经济社会和谐发展和进步，具有十分重要的意义。但作为新生事物，村镇银行在建立及发展中还存在一些新的问题，需要得到有关部门的关注和解决，以促进其健康发展，进而发挥其应有的融资功能。

（三）村镇银行的设立缓解了中小企业融资难题

今年以来，随着国内外经济形势的恶化，国内相当一部分中小企业面临融资难题，有关方面虽采取了不少措施，但实际效果较小。只有大力发展村镇银行才能有效化解中小企业的融资难题。其理由如下：

第一，村镇银行的开办能从根本上解决与中小企业融资不相称的金融机构对称性问题。当前有关部门要求现有各类银行多向中小企业融资，但实际结果不理想，主要原因在于相互不对称。虽然目前各地也有农村信用社，但它们的机制已僵化，与多是私营企业的中小企业相比，体制与效率、目标上都有很大差异，无法满足中小企业的融资需求。

第二，允许私营村镇银行的设立，有利于既吸收中小企业的存款，又比较灵活地支持中小企业的发展，有利于化解中小企业的融资难问题。而目前的小额贷款公司的设立，不过是给高利贷公司披上合法的"外衣"罢了，实际效果可想而知。

第三，防范私营村镇银行的金融风险可通过对村镇银行业务范围、业务种类的设定，国家成立存款保险公司等办法来解决，这样做不但对目前的中小企业融资问题大有裨益，而且对发展民间金融事业，培养一大批金融人才是很有帮助的。

三、农村资金互助合作社融资

农村金融改革的最大难题是农村金融发展不能惠及广大农户。虽然农信社、农业银行等正规金融机构正在积极推进小额信贷业务，但截至目前，全国仅有 1/3 的农户获得了相关贷款，只占到符合条件且有贷款需求农户的六成。贷款供需不平衡的主要原因是借贷双方信息不对称，放贷者无法了解借款者的风险偏好和还款意愿，也无从监督贷款的使用情况，因此，让正规金融机构来监督和实施分散在整个农村的数以千万计的小额信贷合同是不可能的。

如何让被排斥在正规金融体系服务之外的经济主体也能获得贷款？出路在于合作金融。合作金融通过人和资本的联合，有效地运用农村本地知识和信息，改变了弱势群体在信贷市场上的不利地位。

（一）农村资金互助社的设立背景

2005 年，国务院在《关于 2005 年经济体制改革意见》中明确提出了"探索发展新的农村合作金融组织"。2006 年中央 1 号文件要求："引导农户发展资金互助组织。" 2006 年 12 月，银监会调整放宽农村地区银行业金融机构准入政策，引入了村镇银行、贷款公司和农村资金互助社三类新型农村金融机构，其中农村资金互助社就是一种原汁原味的合作金融形式，以社员为本，管理监督费用少，信息费用微不足道，即使微小利差的小额贷款也能稳步经营，能适应农户分散多样的融资需求。从这一时间顺序不难看出，农民的创造和选择得到了中央政策的强力支持。

虽然资金互助社规模小、形式初级，但大力发展资金互助社可以推进农村金融改革的大战略。这是因为：一方面，资金互助社更贴近农户，可以满足被商业性金融机构排斥的农户的贷款需求；另一方面，通过参与资金互助社，农户不但获得了更多的金融知识，而且在信贷交易中证明了自己的信誉。因此，农村资金互助社也起到了改进金融文化、培育客户的作用，从而降低了正规金融机构开展业务的成本。因此，"资金互助社"这种具有代表性的合作金融形式在中国农村金融发展中具有不可替代的作用。我们可以进一步设想，借助众多的农村资金互助社和商业可持续的农村正规金融机构小额信贷项目，中国必将建立起一个惠及所有农户的普惠制金融体系。

（二）农村资金互助社的现状

据银监会统计，在全国已获准开业的 105 家新型农村金融机构中，村镇银行有 89 家，贷款公司有 6 家，农村资金互助社只有 10 家，这种农民自我服务的合作金融组织的发展严重滞后。其问题在于村镇银行的发起人主要是银行业金融机构，有较好的从业能力和丰富的管理经验，懂得如何规范经营，可以说"背景很硬，出身很好"，因此生存发展不成问题；农村资金互助社的发起人是农民和农村中小企业，虽说对自己的社员较为熟悉，但缺乏金融从业经验，也不知道如何同监管部门打交道，先天不足，经营发展受到局限，因此需要更多的政府扶持，而这恰恰是政府所容易忽视的。

资金互助社的良好发展对在农村开展业务的、力争商业化经营的正规金融机构至关重要。农户和中小企业通过参加资金互助社，不断熟悉金融交易的运作，经济行为和信用观念也发生了转变，金融文化的熏陶使他们更加注重自身的信誉。随着收入的增加和财富的积累，他们必然会向资金互助社之外的正规金融机构寻求贷款，而这些"合格的"经济主体正是正规金融机构所要发展的客户。商业化金融机构总是不愿第一个向没有接受过信贷的个人或中小企业提供贷款，而必须对潜在客户进行金融制度和规则方面的培训，也必须对潜在客户进行筛选，这些前期工作都要花费较长的时间和较大的费用。资金互助社的发展恰恰为正规金融机构培育了客户和信用土壤，节省了它们开拓市场的成本，从而吸引它们不断深入农村金融市场。单从这方面来看，投入资金对农村资金互助社进行扶持也是非常必要的。

要建立一个普惠制的农村金融体系，必须以小额信贷和合作金融为两翼才能满足所有农村经济主体的金融需求。但是从动态发展的角度来看，合作金融更加重要，因为它不仅可以为被正规金融机构小额信贷业务排斥在外的经济主体提供融资服务，而且能为正规金融机构小额信贷业务培育优质客户和信用土壤。因此，中国农村金融改革应优先发展合作金融，政府应该投入财力、物力和人力去推广农村资金互助社等合作金融模式，让亿万农民可以使用金融服务来谋求自身的发展，让资金互助社为正规金融机构的可持续发展培植土壤，让"资金互助社"这一小机构去推进农村金融改革的大战略。

（三）农村资金互助社的功能

1. 资金互助合作社具有信用与经济功能双重属性

这种属性决定了资金互助合作社与其他银行业机构的直接区别。其他银行业一般在政策上不支持具有实业性的经济功能，而是作为纯粹的社会信用工具虚拟经济存在，是为实体性经济服务的。资金互助合作社之所以天然地要具有信用与经济功能，是因为它要发挥联结作用，发挥农村经济组织对内联结农户和对外联结市场的作用，也是要发挥对内信用组织和对外经济组织作用，如果它不能发挥这种双重功能的属性功能，那么与其他银行机构就没有根本的区别了。这种双重属性和功能作用，起到了农村资金蓄水池的作用，发挥了农村金融免疫细胞组织之功效。有了它，农村金融才不会出现败血症，因此资金互助合作社具有农村金融体系基础地位作用，具有不可替代性。

2. 资金互助合作社具有货币政策传导功能

引导农户发展资金互助合作社绝不仅仅是发挥"蓄水池"进行余缺调剂的作用，其还有一个非常重要的功能，就是发挥货币政策传导工具的作用，建立起国家引导农村经济、扶持农业产业和帮助农民的作用。如果商业银行不愿意或不能够服务农户，那么就要建立农户自我服务的金融制度，而仅仅依靠农户自我服务能力是不够的，为此必须建立起国家帮助机制，通过国家财政或政策银行（央行支农再贷款）支持，增强农户自我服务能力和扩大服务领域，不断产生对农村商业银行的竞争压力，推动商业银行转变机制、改进服务效率，才能产生竞争性农村金融市场。

3. 资金互助合作社具有推动购销合作、生产合作和消费合作功能

发展资金互助合作社一方面要满足农户家庭经营的生产和生活资金需求，促进经济和福利的增长，但这样一家一户的生产关系是难以容纳更高生产力发展要求的，生产力不发展，农户就难以增收，社会问题就难以解决，因此发展资金互助合作社另一方面的作用是依靠组织资金把农户的劳动力、土地和市场组织起来，形成共同销售、购买和消费，联

合组织生产把先进科学技术应用到农业产业中去，不断通过合作的生产关系促进农村生产力的发展和结构调整与升级。通过发展资金互助合作社促进农业生产组织和土地制度变迁，发展新型农产品加工业，通过资金互助合作社开展买方信贷，培育农民自己工业的发展。

第四节　农业企业风险管理与控制

融资风险属于风险在企业融资活动中的具体表现。随着融资问题在企业生产经营活动中变得日益重要，融资以后的风险问题日益突出，成为一个亟待研究和解决的重要问题。

一、农业企业融资风险分析

（一）农业企业融资风险

1. 传统负债融资风险

负债融资相对于其他资金来源来说成本较小，但是一旦企业决策失误或经营项目失败，就会面对无法偿还本金和利息的风险。现实中，大多数农业企业仍主要依靠银行贷款获取外部资金支持。一些个体和私营农业企业由于其资产质量不高，"抵押无物，担保无人"，很难通过资产抵押获取贷款，于是求助于民间的个人借贷活动。据调查，近年来在私营企业的融资结构中，有约占融资总额 10% 的资金是通过非正规渠道融进的，这种借款来源分散、成本高，缺乏法律保障，因而极易造成资金不能按时到位的风险，使企业陷入经营困境。

2. 传统权益融资风险

权益融资的成本相对较高，股票发行的数量、价格、时机的决策，以及股利分配政策等都可能给企业带来潜在的风险，能够通过上市融资的农业企业寥若晨星。由于我国证券市场的不完善，监督机制的不健全，上市的农业企业为了吸引更多的投资，可能会非法操纵利润，以至于影响企业声誉，打击投资者信心，而绝大多数农业企业规模较小、资产质量参差不齐，要通过证券市场进行融资，短期内是不太现实的。除此之外，农业企业在上市额度成为稀有资源的当今资本市场争得一杯羹，也不符合财务管理的成本效益原则。

3. 其他风险

（1）融资租赁风险

融资租赁是解决农业企业长期资金不足的有效手段，但它会给企业带来如下风险：①内部决策风险，即对设备、租赁公司的选择引起的风险，以及无法及时支付租金的财务风险；②外部连带风险，即不能按期获得租赁资产，致使企业停工停产的风险；③市场风险，即租期内由于资产的无形损耗，企业产品不能及时更新换代而造成出现滞销的风险，还包括市场利率频繁波动带来的利率风险等。

（2）法律风险

农业企业在融资过程中由于利益的驱动或缺少法律意识，极有可能违反法律从而招致法律风险。农业企业在缺乏充分公正性的融资环境下要更加注意对法律风险的防范。美国通用、埃克森、雪佛龙等企业能够进入世界 500 强与其长期坚持守法经营是分不开的。

（3）兼并收购风险

农业企业为谋求协同效应，实现战略重组，经常采取并购的方式进行融资，以迅速提高竞争力。但这一过程也充满了风险，主要是包括三个方面：①信息风险。有些农业企业家忽视信息的重要性，在并购中没有认真地调查分析，凭感觉贸然行动，结果频频翻船。②并购中的操作风险。企业并购要合理选择融资方式，准确把握并购时机，综合考虑资本成本，并购过程中还可能遭遇反收购风险。③并购后的整合风险。多数农业企业的并购由于缺乏专业分析，仅凭业主"拍脑袋"决定，并购后的新企业常常因为规模过于庞大，缺乏一统的企业文化而出现规模不经济，无法实现营运整合。

（二）农业企业融资风险的成因分析

1. 宏观原因

（1）国家对企业的政策法规限制

目前我国的政策法规还不完善、不健全，与民营经济的发展不相匹配。直到 2000 年 9 月有关部门才决定对个人独资企业和合伙企业停征企业所得税，只对其投资者的经营所得征收个人所得税，而在此之前，个体企业一直面临着双重征税的问题。另外，国家对农业企业的开放管理尚不尽如人意，其税收负担相当沉重，民企遭受严重的非国民待遇，经营环境的有利程度甚至不如外资企业。

（2）银行等金融机构的限制

一方面，农业企业融资的主要来源仍然是银行等金融机构的贷款。国有银行仍掌握了74.4% 的存款资源，同时垄断了 77% 的贷款权，而实际上 80% 的信贷资金是倾向于效益较低的国有企业的。对于银行而言，农业企业贷款规模小，贷款期限短，其利率水平相对较低，因此银行获得的收益也比较少；少数农业企业缺乏专门的财务管理人才和机构，存在严重的逃废债现象，使银行常常无法按期收回贷款，银行出于对自身风险进行的规避，也不得不对农业企业看低一线。银行与企业之间极度的信息不对称，还会产生逆向选择和道德风险，因此银行在向农业企业发放贷款时不得不设置额外的屏障。另一方面，我国银行业已经将贷款权限上收，与农业企业联系密切的县级支行，其信贷审批权限缩小，很多资信状况良好的农业企业也因为成本或缺乏信用观念，甚至不愿意参加信用评级活动。

（3）资金市场准入制度的限制

在金融领域中，国有商业银行长期处于垄断地位，民营金融机构的发展受到严格的限制，其业务范围小、业务能力差，不能为民营企业提供更好的服务。然而，正如经济学家所说的，"如果没有金融业的民营业，那么民营经济的发展就是跛脚的"。

股票市场的建立是以支持国企改革为宗旨的。农业企业即使采用了诸如"借壳"等方式上市，也因为企业整合过程中不同的文化背景及其他因素的影响而达不到上市目的。

（4）全国范围内的信用担保体系尚不健全

缺乏担保是造成农业企业直接融资难的关键因素。目前我国政府正在尝试建立中小企业信用担保体系，政府组建担保机构，造成新的行政干预，农业企业受到歧视；农业企业信誉状况参差不齐，如何判断信用等级、营造守信的市场环境等问题亟待解决。

2. 微观原因

（1）农业企业自身的内部组织形式、管理模式和产权结构的限制。

我国农业企业大多起源于业主个人或合伙投资设立的企业，普遍采用家族式管理模式。

据资料显示某地区 50 家农业企业，主要管理人员存在亲情关系的企业占 62%。企业内部组织结构简单，各层次管理人员的权责不够明确，出于人情关系，管理人员不能从企业的利益出发进行计划和决策，限制了企业的发展。浙江正泰集团董事长南存辉就充分意识到"炒庸亲，用贤能"的重要性，对企业进行大刀阔斧的改革，广招社会贤才，推行股份制，大胆引入资金，使正泰集团发展成为年销售额超过 60 亿元的大型农业企业。

除此之外，绝大多数的农业企业产权结构比较单一，家族式管理模式使其在外部排斥外来资本的进入，在内部劳资关系紧张，无法推行职工持股。红桃 K 集团公司总裁谢圣明对此就深有体会，他说："只有多元化的产权结构，才能使农业企业转变成为公众型企业，真正实现人力资本和货币资本的有效结合。"

（2）农业企业缺乏有效的融资机制，融资结构不合理，不能有效发挥财务杠杆的作用。由于我国的农业企业遭受非国民待遇，缺乏有效的社会保障制度，企业税赋沉重，直接融资困难，大量资金都用于内部积累以扩大再生产，没有多余的资金来吸引人才，导致企业无法形成用人机制。专业管理人才的缺乏，使农业企业在融资过程中没有切合实际的财务规划，导致融资决策体系失灵。而由于农业企业融资困难，一旦发现融资机会，管理当局不论是否有融资需求就盲目融资，要么造成资本闲置，要么使资本投向缺乏战略性，不能达到预期的投资回报，从而进入恶性循环。

（3）由于经营管理和投资理财能力的限制，农业企业仍主要集中于劳动密集型产业，既缺乏管理人才，又缺乏技术人员，其产品的技术含量低、质量差、竞争力不强，企业的经济管理效率低下，缺乏决策管理信息系统，限制了企业的融资能力，这是企业融资过程中最大的潜在风险。农业企业大多规模较小，缺乏专门的财务机构，财务人员素质低下，投资理财的能力较差，很少编制现金预算，财务预警系统更无从谈起，加大了农业企业的融资风险。

农业企业必须建立起一套完整的融资风险预警系统，以利于企业防范、化解其融资风险，从而为缓解农业企业的融资压力提供技术方法上的支持。

二、农业企业融资风险控制

融资风险是企业面临的主要风险之一，企业要强化风险防范意识，采取一系列风险防范措施是完全可以控制或降低风险程度的。

（一）资本结构与规避融资风险

高度重视融资风险的控制，尽可能选择风险较小的融资方式，企业高额负债，必然要承受偿还的高风险。在企业融资过程中选择不同的融资方式和融资条件，企业所承受的风险大不一样，对各种不同的融资方式，企业承担的还本付息风险从小到大的顺序一般为股票融资、财政融资、商业融资、债券融资、银行融资。企业为了减少融资风险，通常可以采取各种融资方式的合理组合，即制定一个相对更能规避风险的融资组合策略，同时还要注意不同融资方式之间的转换能力。比如对于短期融资来说其期限短、风险大，但转换能力强；而对于长期融资来说，其风险较小，但与其他融资方式间的转换能力却相对较弱。

　　企业在筹措资金时，常常会面临财务上的提高收益与降低风险之间的两难选择。那么，通常该如何进行选择呢？财务杠杆和财务风险是企业在筹措资金时通常要考虑的两个重要问题，而且企业常常会在利用财务杠杆作用与避免财务风险之间处于一种两难处境：企业既要尽力加大债务资本在企业资本总额中的比重，以充分享受财务杠杆利益，又要避免由于债务资本在企业资本总额中所占比重过大而给企业带来相应的财务风险。在进行融资决策与资本结构决策时，一般要遵循的原则是：只有当预期普通股利润增加的幅度将超过财务风险增加的幅度时，借债才是有利的。财务风险不仅会影响普通股的利润，还会影响到普通股的价格。一般来说，股票的财务风险越大，它在公开市场上的吸引力就越小，其市场价格就越低。

　　企业融资应当在控制融资风险与谋求最大收益之间寻求一种均衡，即寻求企业的最佳资本结构。企业寻求最佳资本结构的具体决策程序包括以下几个方面：首先，当一家企业面临几种融资方案时，企业可以分别计算出各个融资方案的加权平均资本成本率，然后选择其中加权平均资本成本率最低的一种。其次，被选中的加权平均资本成本率最低的那种融资方案只是诸种方案中最佳的，并不意味着它已经形成了最佳资本结构。这时，企业要观察投资者对贷出款项的要求、股票市场的价格波动等情况，根据财务判断分析资本结构的合理性，同时企业财务人员可利用一些财务分析方法对资本结构进行更详尽的分析。最后，根据分析结果，在企业进一步的融资决策中改进其资本结构。

（二）农业企业融资风险的控制策略

1. 树立正确的风险观念

　　农业企业在日常财务活动中必须居安思危，树立风险观念，强化风险意识，抓好以下几项工作：①认真分析财务管理的宏观环境变化情况，使企业在生产经营和理财活动中能保持灵活的适应能力；②提高风险价值观念；③设置高效的财务管理机构，配置高素质的财务管理人员，健全财务管理规章制度，强化财务管理的各项工作；④理顺企业内部财务关系，不断增强财务管理人员的风险意识。

2. 优化资本结构

　　最优资本结构是指在企业可接受的最大筹资风险以内，总资本成本最低的资本结构，这个最大的筹资风险可以用负债比例来表示。一个企业只有权益资本而没有债务资本，虽然没有筹资风险，但总资本成本较高，收益不能最大化；如果债务资本过多，则企业的总资本成本虽然可以降低、收益可以提高，但筹资风险却加大了。因此，企业应确定一个最优资本结构，在融资风险和融资成本之间进行权衡。只有恰当的融资风险与融资成本相配合，才能使企业利益最大化。

3. 巧舞"双刃剑"

　　农业企业要强化财务杠杆的约束机制，自觉地调节资本结构中权益资本与债务资本的比例关系：在资产利润率上升时，调高负债比率，提高财务杠杆系数，充分发挥财务杠杆效益；当资产利润率下降时，适时调低负债比率，以防范财务风险。财务杠杆是一把"双刃剑"，运用得当，可以提高企业的价值；运用不当，则会给企业造成损失，降低企业的价值。

4. 保持和提高资产流动性

　　企业的偿债能力直接取决于其债务总额及资产的流动性。农业企业可以根据自身的经营需要和生产特点来决定流动资产规模，但在某些情况下可以采取措施相对地提高资产的流动性。企业在合理安排流动资产结构的过程中，不仅要确定理想的现金余额，还要提高资产质量。通过现金到期债务比（经营现金净流量÷本期到期债务）、现金债务总额比（经营现金净流量÷债务总额）及现金流动负债比（经营现金净流量÷流动负债）等比率来分析、研究筹资方案。这些比率越高，企业承担债务的能力越强。

5. 合理安排筹资期限的组合方式，做好还款计划和准备

企业在安排两种筹资方式的比例时，必须在风险与收益之间进行权衡。按资金运用期限的长短来安排和筹集相应期限的负债资金，是规避风险的对策之一。企业必须采取适当的筹资政策，即尽量用所有者权益和长期负债来满足企业永久性流动资产及固定资产的需要，而临时性流动资产的需要则通过短期负债来满足。这样既有效避免了冒险型政策下的高风险压力，又避免了稳健型政策下的资金闲置和浪费。

6. 先内后外的融资策略

内源融资是指企业内部通过计提固定资产折旧、无形资产摊销而形成的资金来源和产生留存收益而增加的资金来源。企业如有资金需求，应根据先内后外、先债后股的融资顺序，即先考虑内源融资，然后考虑外源融资；外部融资时，先考虑债务融资，然后考虑股权融资。自有资本充足与否体现了企业赢利能力的强弱和获取现金能力的高低。自有资本越充足，企业的财务基础越稳固，抵御财务风险的能力就越强，自有资本多，也可增加企业筹资的弹性，当企业面临较好的投资机会而外部融资的约束条件又比较苛刻时，若有充足的自有资本就不会因此而丧失良好的投资机会。

7. 研究利率、汇率走势，合理安排筹资

当利率处于高水平时或处于由高向低的过渡时期，应尽量少筹资，对必须筹措的资金应尽量采取浮动利率的计息方式。当利率处于低水平时，筹资较为有利，但应避免筹资过度；当筹资不利时，应尽量少筹资或只筹措经营急需的短期资金。当利率处于由低向高的过渡时期，应根据资金需求量筹措长期资金，尽量采用固定利率的计息方式来保持较低的资金成本。另外，因经济全球化，资金在国际自由流动，国际的经济交往日益增多，汇率变动对企业财务风险的影响也越来越大。所以，从事进出口贸易的企业，应根据汇率的变动情况及时调整筹资方案。

8. 建立风险预测体系

企业应建立健全风险自动预警体系，对事态的发展形式、状态进行监测，定量测算财务风险临界点，及时对可能发生的或已发生的与预期不符的变化进行反映，利用财务杠杆控制负债比率，采用总资本成本比较法选择总资本成本最小的融资组合，进行现金流量分析，保证偿还债务所需资金的充足。

第六章 乡村生态化旅游与农村经济发展的关系

第一节 我国乡村生态化旅游与农村经济发展现状

我国的乡村旅游自改革开放以来虽然起步的时间较晚，但是发展速度迅速，不仅有许多旅行社得以创立，还有许多企业争相入驻旅游业，为旅游业带来生机的同时也为我国的经济市场带来了活力，同时带动了农村经济的发展，为缩小贫富差距以及解决农村剩余劳动力等问题起到了一定的促进作用。在 21 世纪前期，我国出台了相关政策扶持农业发展，加大了对农业发展的倾斜。当下我国主要的乡村旅游项目较为集中在城市郊区或城乡接合部，还有像乌镇那样的江南古镇，或者新疆、西藏、云南等民族聚居地。在我国重视生态环境的局面下，乡村旅游也逐渐将生态化提上日程，不仅注重提高乡村农民的经济水平，同时也注重保护当地的自然生态环境，在经济发展中求得生态平衡，不仅有利于乡村旅游的可持续发展，也为我国的生态化环保做出了贡献。因此，发展我国的农业经济的有效途径之一就是发展我国乡村生态化旅游。

当前，农村经济体制改革进入新的发展阶段，在农村经济发展和社会主义新农村建设中，农业生产力得到了一定的发展，农民劳动力水平也获得了较大程度的提升。但是，就当前农村经济发展的状况而言，与城市经济的综合发展仍存在较大的距离。只有充分摸清农村经济发展的现状、正视其发展中存在的问题，才能因地制宜、有效采取措施，缩小城乡差距，进而加快农村经济建设的步伐。党的十八大以来，以习近平同志为核心的党中央提出"精准扶贫、精准脱贫"的重大战略，针对具体的贫困问题做到具体的分析，促进了扶贫工作科学有效地开展，进而切实有效地提高我国农民的生活质量和生活水平。近年来，乡村旅游扶贫已被列为扶贫开发的重点工作之一。乡村旅游要充分利用乡村旅游资源，例如特色文化、乡村景点、古民居、古树等得天独厚的旅游资源，通过旅游带动就业、旅游反哺农业等一系列措施，有效促进旅游业的发展。

一、我国乡村生态化旅游的发展现状

我国的乡村生态化旅游虽然与国外相比起步较晚，但是其发展迅速，至今已经形成一定的规模和模式。在乡村旅游当中融入生态化建设是当今乡村旅游可持续发展的重要战略。本部分主要阐述我国乡村生态化旅游的背景和乡村生态化旅游现存的问题，对我国乡村生态化旅游的现状做了详细的阐述，主要介绍了乡村的文化背景、环境背景、开发模式背景、管理机制背景、策略研究背景以及当下乡村生态化旅游中对乡村生态旅游的认识不明确、对其研究方法单一、无系统性等问题进行了详细叙述。

（一）我国乡村生态化旅游的背景

我国乡村生态化旅游是在 21 世纪乡村旅游得到迅猛发展的这几年得以发展起来的，它的发展背景不仅跟我国大数据科技时代带动着国民经济水平大幅提高有关，而且跟国民日益增加的生态文明意识有关。21 世纪以来，国民经济水平跟生活水平大幅度提高，对旅游的需求也日益增加，旅游业在改革开放以来迎来了发展的春天，各家旅行社争先上市，各大企业也涉足了旅游业，国民在旅游的关注点也从城市转移到了乡村，注重民风民俗的体验和回归自然的情感。在此基础之上，随着我国的环境问题日益突出，人们从出行到饮食都注重生态文明建设，对乡村旅游也提出了生态建设的要求，在此背景之下我国乡村生态化旅游得以发展。

1. 乡村文化背景

我国乡村文化在近些年来由于种种原因有着一定程度的削弱和异化趋势。在乡村生态化旅游的过程中，乡村文化是吸引游客的重要基础，通过乡村文化主题小品、特色标识牌、特色文化展示等方式，构建融山水画卷、田园风光、历史文化、民俗风情等于一体的乡村旅游产品。随着农村人员外出打工的数量增加和农村与城市之间的贫富差距扩大，乡村文化的丰富内涵得不到挖掘和持续发展，有的在发展过程中逐渐削弱、无法传承。乡村生态化旅游发展的基础还在于乡村，久居城市的人们被乡村乡土文化所吸引，他们更愿意去体验民俗文化、乡土风情，以此发展乡村生态化旅游的同时，乡村生态化旅游也促进了农村文化的健康、可持续发展，二者相互促进、相互发展。

2. 乡村环境背景

目前，大多数人仍然对乡村旅游的发展认识不足，还停留在过去的老观点上面，认为乡村旅游就是农家乐，即简单的果林采摘或吃农家饭，这一观点与目前乡村旅游的发展态势不相吻合；人们在开发乡村旅游景点之时，由于开发人员的生态意识不足，没有做好科学规划和合理布局，给乡村环境带来了严重的破坏。由于旅游群体、出行方式、出行目的地等方面的转变使得旅游需求市场整体形成了年轻化、散客化和休闲化的特征，这一市场需求的变化对乡村旅游的发展提出了新要求，这就需要乡村旅游产品不断适应旅游市场的新变化和需求。我国大多数乡村的产业结构较为单一，经济发展相对落后，而旅游业作为综合性产业，具有较强的带动力，尤其在全域旅游的背景下，可充分发挥"旅游＋乡村""旅游＋农业"的优势，从而带动乡村产业发展和农民脱贫致富。另外，2017 年中央一号文件明确提出"聚焦农业供给侧结构性改革，大力发展乡村休闲旅游产业"，从产业的角度大力发展乡村休闲旅游产业，可见乡村旅游已逐渐步入产业化时代。

3. 开发模式背景

乡村生态化旅游的开发模式一般有两种：一种是依托自然型，另一种是依托城市型。第一种依托自然型指的就是依靠本地乡村的自然条件去开发旅游项目，而不是以破坏环境为代价去建立旅游项目。比如要对采摘园的整体环境进行考察，勘查地形、地貌、土质、土壤等因素适不适合栽种果树、建设采摘园。有的乡村有山、有水、有温泉，不同规模的温泉遍布城乡，由此带动了当地乡村旅游的蓬勃发展。建设者应该依靠当地的自然条件去建设温泉旅游景区，而不是破坏其地形地貌去开发建设不符合自然发展规律的乡村旅游项目。在绿色理念的指导下，加强温泉资源的保护，以温泉带动特色休闲产业发展，实现温泉度假村综合开发价值最大化，防止破坏性、掠夺性开发和低水平开发。第二种依托城市型是指乡村生态化旅游项目的建设与发展主要依靠城市的发展来带动自身旅游业的建设与发展，从而带来经济效益和发展前景的乡村生态化旅游开发模式。该模式下乡村生态化旅游项目多数建设在发达城市的郊区。目前，这种模式下的旅游项目主要是观光农业、农家乐、民俗等，项目设施大部分都会具备现代化、科技化等特点，甚至一些农家乐设有健身房、餐厅、电影院等配套设施，这些乡村生态化旅游项目大都是围绕大型城市建造的，主要是为城市内的游客提供休闲娱乐的去处。特别是当下开始注重乡村生态化旅游，一些城郊充分利用菜园、苗圃森林、水体、温泉、绿道系统、公共自行车等资源，引导村民在保护生态的同时，实现村民致富的目标。

4．管理机制背景

我国当下的乡村生态旅游管理机制主要包括政府扶持、当地居民受益、生态型旅游开发、旅游活动的有效管理等方面。

（二）我国乡村生态化旅游现存的问题

改革开放以来尽管我国乡村生态化旅游得到了迅猛的发展，但同时也存在着很多的问题，本部分主要论述了当下乡村生态化旅游当中对乡村生态化旅游的认识不够明确、对乡村生态化旅游的研究方法单一、对乡村生态旅游模式没有系统的总结以及对发展乡村生态旅游参与者的研究不够等问题。

1．对乡村生态旅游的认识不明确

首先，当下的乡村生态化旅游项目的建设普遍对乡村生态旅游的认识不够全面。这种现象主要由于我国的乡村生态化旅游发展的时间还不够长，还是一个相对比较年轻的领域，自然也就没有成熟夯实的理论体系所支撑，甚至关于乡村生态化旅游的内涵在学术界中仍存在分歧，对乡村生态化旅游的认识还只是停留在走进大自然的层面上，忽略了其环境教育和文化保护的意义。乡村旅游应注重民俗文化的展现，这种民俗文化体现在整个旅行的各个方面，包括旅行者的食宿等方面。比如山西境内的平遥古城，游客一般都以面食为主食，体验山西古城的民俗民风。这种以民俗文化、乡土文化为主题的乡村旅游在近些年来越来越受到欢迎，不仅因为民俗文化本身的非物质文化遗产性质吸引游客，也因为中国民众的素质和民族意识渐渐提升，而这些民俗文化本身的非物质文化遗产性质也是乡村生态化旅游的认识范畴。

2．对乡村生态旅游的研究方法单一

我国的乡村生态化旅游研究相对国外而言起步较晚，而涉及的研究领域也比外国少。外国在研究乡村生态化旅游时在心理学、社会学等学科都有涉足，而我国对于乡村生态化旅游发展的研究还比较单一，大部分都以学术论文的形式呈现，对实际实施和开发的指导性作用并不大，因此在乡村生态化旅游中对乡村生态旅游的研究方法单一也是现存的问题之一。我国学者应该积极实践，可从生态旅游基础理论、生态旅游资源、生态旅游市场、生态旅游作用与影响、生态旅游开发、生态旅游管理与政策等方面，来充实我国的乡村生态化旅游发展的基础。同时，在心理学、社会学等学科领域的研究也应该涉足，积极尝试其他领域的理论是否适用于我国当下乡村的生态化旅游，而不要局限于纵向挖掘，也要从横向方面向其他领域扩展。

3．对乡村生态旅游模式没有进行较为系统的总结

虽然我国当下已经初步形成了城市依托型、景区依托型、产业依托型、历史文化依托型、民俗依托型、创意主导型、科技依托型等乡村生态旅游模式，但该模式对现实的适应性不够深入，很大程度上处于概念阶段，发展不够完善。可见，我国当下的乡村生态化旅游仍然没有形成较为统一的系统化管理模式，各个地区的乡村生态化旅游在建设初期没有较为完整的模式可供参考或借鉴，后期已形成的模式与乡村生态化旅游项目经营之间存在衔接问题，从而造成后期经营和运营方面出现管理漏洞，对整个乡村生态化旅游项目产生较大的影响。

4．对发展乡村生态旅游参与者的研究不够

目前而言，乡村生态旅游的研究较分散，没有较为系统的与其他领域相结合进行研究，乡村生态化旅游研究领域不广泛，尤其对其参与者的研究甚少。乡村生态化旅游的参与者除

了旅游项目本身的负责人和工作人员以外还有村民和游客等。对发展乡村生态旅游的参与者研究不够，不论从客观上还是主观上都不利于我国乡村生态化旅游的长期健康发展。对游客的研究不足也将导致一次性旅游的危机，从而造成游客的流失。因此要想让乡村生态化旅游长期健康的发展，就有必要对发展乡村生态旅游的参与者进行较为充分的研究。

二、我国农村经济发展现状

本部分主要论述我国农村经济的发展现状，主要从农民经济收入不高、农村剩余劳动力较多、农村贫富差距较大、基础设施不完善且产业结构单一、没有重视农村经济发展三要素这几个方面入手，简要分析我国农村的发展现状。

（一）农民经济收入不高

"三农"问题的核心即农民增加收入的问题，农民收入得以提升，才能从根本上提高农民的生活质量。当前，党和国家的惠农政策已贯彻到各地农村，农民依靠勤劳的双手使其收入逐年提高。然而，仍有一大部分农民的收入偏低，主要归结为以下几个方面原因：第一，农业结构调整难度较大且增效慢。近年来，虽然在农业产业结构调整方面已取得一定的成效，但由于农业结构调整本身是一个缓慢的过程，受制于资源、资金、技术、信息、市场等多种因素的影响，一旦具体落实到农产品的生产或者加工上，就存在销路不明和实际效益不确定性的现象。第二，尽管当前农民收入正日趋多样化，但农业生产仍是我国农村家庭的主要活动，农民经济收入的来源主要通过农产品的生产或者加工，并对其进行直接销售。这些农产品与其他产品不同，它会受天气、气候等影响，尤其是自然灾害对农产品产生严重的影响，不仅影响农产品的增产，也影响农民的播种热情和信心。除了自然灾害等不可抗力因素对农民经济收入的影响外，还有农产品市场价格的调动对农民经济的影响。农产品经济市场一旦出现波动，出现供大于求的局面，降价是整个农产品经济市场采取的营销手段之一，而降价给农民的经济利益带来的损失是最为严重的，从而导致农产品虽然增产或者正常生产了，但农民无法获得相应的利润，也就是增产不增收的情况。另外，农民收入差距增大，低收入群体影响整体收入提高；农民整体的文化水平不高且农村社会风气和陋习尚存；农业种植、饲养、加工等技术缺乏等因素也直接影响了农民经济的收入。因此，要增加农民收入，发展农村经济，在较大程度上须加快农业结构调整，积极培育绿色农业。特别是要着力依托资源优势和生态优势，鼓励发展生态农业、观光农业、旅游农业于一体的乡村生态化旅游业的建设。

（二）农村剩余劳动力较多

农村的劳动力分为剩余劳动力和有效劳动力，显然，农村的有效劳动力是农村经济发展的关键，而农村的剩余劳动力则会影响农村经济的发展。我国陆地面积排名世界第三，是世界各国当中屈指可数的国土面积大国，然而相对于我国辽阔的国土面积，我国的人口数也是庞大的，不管是城市还是农村，我国的人口数和人均土地面积占有量不平衡都直接导致了剩余劳动力的存在。这也就是说，农村人口过多导致土地资源和人口数量之间存在矛盾，这在很大程度上产生农村剩余劳动力。在近些年来科学技术飞速发展，很多技术都应用在农产品的种植、开发和加工当中，在解放了双手的同时，剩余劳动力也在增加。这些剩余劳动力对于农村而言不仅延缓了农村的经济发展，还给当地社会带来不稳定因素。而由于农村的剩余劳动力过多，不仅会导致农村的经济发展缓慢，也会导致各种各样的社会问题，由于剩余劳动力的增多，这些人游手好闲将会给社会带来很多不稳定因素，甚至是我国的犯罪率上升等问题在一定程度上跟农村的剩余劳动力有关。因此解决农村的剩余劳动力问题，不仅会给农村经济发展带来大的改观，也会对社会稳定做出贡献，同时为我国人口和土地资源的矛盾有一定的调和作用。

（三）农村贫富差距较大

在农村收入差距扩大的同时，还面临财产差距扩大的问题，当前农民收入主要面临三大差距：一是城乡居民收入差距；二是不同地区农村收入差距；三是农民家庭贫富差距。市场经济条件下的农村收入差距有一定的合理性，但由于机会不平等、资源分配不均衡以及权力寻租造成的收入差距是不合理的。农村经济的发展在经过多年的实践之后，一批农民利用大棚蔬菜种植和农产品的加工与开发而成为农村的先富人群。在农村经济的持续发展中，这些先富人群抓住机遇，利用自身资源和已有的资金跟城市的超市或者当地菜市场建立自己的营销点，实现自身的经济可持续发展。而在这种情况之下农村的贫富差距进一步增加。农村贫富差距的不断增大将会导致农业产品的利润和收益都会集中在少部分先富人群当中，从而使得农村的贫富差距更大，这是一个恶性循环，也是我国经济现存的矛盾和问题，需要政府出台相关的经济政策，在扶持农村贫困农民的同时给予一些社会上的协助，以平衡或者缩小农村的贫富差距。

（四）基础设施不完善，产业结构单一

依照服务的性质划分，农村基础设施主要为生活性基础设施、生产性基础设施、人文基础设施以及流通性基础设施。生活性基础设施是为广大农村居民生活提供服务的设施，主要包括垃圾处理厂、污水处理设施、人畜饮水设施、农村电网、供热燃气设施等。生产性基础设施主要是为农业生产服务的设施或设备，为农村增加物质资本和提高生产力服务的设施，主要包括气象设施、水利灌溉、田间道路、防洪涝设备、农业机械设备等。人文基础设施是用于丰富农民生活、提高农民素质的公益设施，包括教育、医疗、文化娱乐等设施。流通性基础设施主要用于农产品销售及农村生产资料购买的流通辅助设施，包括乡村道路、乡村通信等。在基础设施方面，我国农村的生活性基础设施、生产性基础设施、人文基础设施以及流通性基础设施都不完善，而且大部分农村的基础设施配备不全面、不稳定。例如，目前农村仍出现断电和取水困难等问题。农村的道路建设不完善，交通管理混乱，这些基础设施落后问题不仅影响农村的经济发展，还影响农村的安全稳定。农村道路建设得不到改善、交通管理混乱就会导致驾驶事故的发生，由于农村道路没有监控等设备，一旦发生事故，人员伤亡情况则很难取证和调查。诸如此类的基础设施不完善都使得农村经济的发展受到阻碍。另外，农村的产业结构主要指农村中各个产业部门之间的比例关系和相互联系，主要表现为农村劳动力、固定资产及其资源在各个产业之间分配所构成的状况，它是农村生产力结构的核心。当前，大部分农村的产业结构较为单一，没有充分发挥本地资源、区位资源、人文资源优势，仍有待不断调整优化。产业结构的调整要与本地资源优势、区位优势、实施农业综合规划紧密结合，将农业从简单再生产时代的单一种植业结构逐步调整为大农业结构，进而上升到多元化产业结构。只有将产业结构由单一到多元，逐渐细化，才能使得农村的产业结构愈来愈合理、生态循环愈来愈平衡，经济效益愈来愈提高。总而言之，基础设施的不完善和农村产品结构的单一限制了农村经济的发展，要想发展农村经济必须建设相应的基础设施设备和改变农村单一的产业结构问题。

（五）没有重视农村经济发展三要素

农村建设需要有资金、技术与信息的支持，这三个因素被称为"农村经济三要素"，是促进农村经济发展的核心因素。只有充分研究农村经济三要素的相互联系、制约和促进作用，才

能助力农村经济得以实质性发展。一是资金要素，资金是农村经济得以发展的基础。资金投入到位，将对农业增产增收、改善农民生产生活、推动农村经济社会发展等方面起到积极的促进作用。一旦没有资金的投入或者资金不到位，农村市场将难以启动。可见，充足的资金保障是农村经济高速运转的基础。二是技术要素，技术是促进农村经济和农民增收的主要手段。要想种植高产量、高营养、高价值、高效益的农作物，就要因地制宜地发展技术型农业，提高土地应用效率，从而不断优化农村产业结构，提升农作物的经济效益和品质，进而提高农民朋友的收入。三是信息要素，信息是连接农民和市场的无形纽带。信息及时地反映市场活动的消息、数据，反映竞争的参与状况、市场的变化及其发展趋势，保证农村经济与市场需求建立密切联系，从而有效提高农业经济的价值。三要素共同影响、共同作用、有机整合，已成为新时期农村经济发展的重要保障，为农村经济的发展带来了新活力。

我国是一个农业大国，农业经济是我国国民经济的重中之重，而农村经济社会的发展是一个长期性、持久性的过程，建设生态化乡村旅游项目正是解决我国农村经济和环境状况的一剂良药。乡村生态化旅游作为农村经济发展的新兴产业，可带动农村剩余劳动力有序转移，促进农村经济步入良性发展轨道，使得农业产业化发展和农村经济快速增长，进而缩小城乡差距，实现社会和谐发展。

第二节　乡村生态化旅游与农村经济发展之间的关系

近年来，随着我国旅游行业的不断发展，更多的游客会选择通过乡村生态化旅游来放松紧张心情，暂时告别城市的快节奏生活，接近大自然，因此乡村生态化旅游人数得到大幅度提升。乡村依靠独有的自然资源开发旅游项目，使农村经济水平逐渐提高，为农村发展提供更好的机遇，在这一过程中也产生了巨大的文化价值。可见，乡村生态化旅游与当地经济发展是息息相关的，可以采取一些有效方式使乡村生态化旅游发挥更大的作用。与其他旅游景点相比，乡村生态化旅游有其独特的内容，包括观赏田园风光、尝试简单的农村劳动以及感受当地风土民情等，将自然景观与人文景观相结合。旅游行业可以通过有效的宣传，引进周边城市的游客前来旅游观赏，体验乡村生活的同时回归大自然。根据统计，在 2017 年我国乡村生态化旅游人数高达 20 亿人次，为 80 余万人提供了就业机会，使 652 万户村民受益，乡村生态化旅游的营业额高达 690 亿元，为农村带来巨大的经济发展和全新面貌。对乡村旅游与当地的经济发展进行研究，是一项非常重要的工作，具有重要意义。两者之间有着十分密切的联系，通常来说乡村旅游为当地的发展提供经济基础，当地经济的发展又能够促进旅游基础设施的完善，使乡村旅游质量得到提高。在游客的消费过程中，乡村的各类资源也能够随之优化，为乡村经济发展提供源源不断的动力。乡村旅游虽然包含在当地的经济发展系统中，但其具有一定的特殊性，两者相辅相成而形成一个完整的经济体系，对农村的经济发展具有重大意义。

综上所述，乡村生态化旅游与农村经济的发展属于相互独立、相互促进、相互控制的关系，在乡村生态化旅游行业的发展过程中，农村经济发展的形式得到改变与拓宽，一些村民告别繁重的农业劳作，得到广阔的发展空间，为经济发展带来活力，并对农村产生了很多正面影响，例如自然资源的合理开发、乡村环境的保护以及农民生活条件的改善。乡村生态化旅游的环保理念与消费文化走进农村，在周边城市的带动之下实现农村经济的快速发展。

一、乡村生态化旅游与农村经济发展相互独立

乡村生态化旅游的经济发展与农村传统经济发展有所不同，经济发展形式的转变实际上就是从农事劳动向服务行业方向转变的过程。传统的农村经济发展模式中常以农业为主，而农业在获得经济收益的过程中受很多因素的影响，首先会受到市场情况的影响，若某种农作物产量过高就会形成大幅度降价，对种植此种农作物村民的经济收益造成很大的影响。其次受天气条件影响，干旱、雨水过量都会给农业的经济发展带来阻碍，农业劳动具有一定的季节性，更多村民会在农闲的时候到城市中打工，导致很多地区出现空心村现象，大量人员的涌入也给城市就业带来了很大的压力。而乡村生态化旅游发展有效解决了这些问题，为村民创造新的经济来源，缓解紧张的就业问题，随着村民收入的增加，生活水平也逐渐提高，有效推动了社会主义新农村的建设，为农村的发展与建设提供了物质基础。乡村生态化旅游发展构成一条独特的产业链，为农村经济提供更为多样化的发展途径，提高乡村旅游的服务质量和农村的经济发展水平。若想使经济持续发展，就要将农业与旅游业相结合，其最简单的方式就是将当地农产品进行推销，吸引游客消费，通过这样的销售平台，能够推动农村经济的进一步发展。在农村经济发展的过程中，要对各个种类的资源进行整合，使农村产业之间相互联系在一起，形成一个完整的农村产业结构，共同发展。目前，一些距离城市较远的乡村相对来说还比较封闭，乡村旅游的发展加强了城市与农村之间的联系，打破了相对封闭的现状，使村民的视野更加开阔、思想更加开放，对于城乡结合具有重要意义。村民在乡村旅游行业中工作，通过与游客的接触，其思想观念会发生巨大的变化，对村民自身素质的提高有很大的帮助。整体人员素质的提高对乡村旅游的发展也有许多益处，在人才培养方面产生了积极的作用，增强了农村经济发展的持续性。从另一个角度来看，乡村旅游的不断发展也使村民意识到基础建设与环境保护的重要性，道路畅通是发展乡村旅游业的首要前提，公路的修建使更多的游客前来游览，也使村民出行更加方便。如今，游客对网络通信普遍存在着较高的要求，这就促进了乡村旅游行业对农村网络设施的建设。乡村生态化旅游完善了农村基础设施，有效促进农村经济发展。

（一）探究农村经济发展

对于农村经济并没有明确的概念，从字面来看就是指某农村地区所有经济来源的总值，这些经济来源包括农业、林业、畜牧业等，也包括与这些农事劳动相关的单位或部门所带来的经济效益。在农村经济发展中，经济增长与经济发展是两个截然不同的概念，但是经常被人们混淆，通常来说经济增长表达的是经济总值的增加，常根据国民生产总值与社会生产总值来判断。对于农村而言，经济发展是指某一乡村或某个区域劳动力量与各类产品数量的不断增加，而农业在生产总值中的比重逐渐下降。某一乡村或某个区域范围内，劳动力量、就业水平、教育水平、社会保障水平都对经济的发展起着至关重要的作用。而农村经济的增长是经济持续发展的基础，经济不增长就更谈不上发展，经济发展也为其增长提供了条件。从各个农村的经济发展过程中不难看出，经济增长与经济发展是不可能独立存在的，这两者也是农村发展的基础与根本动力所在。只有发展才是硬道理，在农村的经济建设中要充分协调两者间的关系，不能厚此薄彼。在此前提之下，大力发展乡村旅游行业，以达到农村经济持续发展的目的。

（二）深入分析我国乡村生态化旅游产业

根据相关部门统计，截止到目前我国乡村旅游的游客总数量超过 3 亿人，年收入不断增长，

已超过许多热门旅游胜地。乡村旅游行业也逐渐向观光、休闲、学习、健身等方面发展，其综合性也越来越强。乡村旅游开发的项目包括以下几种类型：第一种类型是对自然景观与田园风光进行欣赏；第二种类型的参与性较强，以农庄、果园、茶园、鱼塘为主，目的是体验农家生活，增长知识与休闲娱乐；第三种类型以风土民情为主题，感受当地文化、民族风情、宗教信仰等；第四种类型以疗养与健身为主的乡村旅游，贴近并融入大自然，使疲惫的身心得到放松。目前，比较热门的是参与性较强的农家乐与民俗风情体验为主的几种类型。由此可见，我国乡村生态化旅游已经形成了自己独特的形式，走出了一条全新的旅游道路。乡村旅游受到广大游客的追捧存在一定的原因，随着我国社会经济的不断发展、人民收入和生活水平不断提高，大多数国民已经过上了向往的小康生活。据相关资料显示从1980—2015年，35年的时间里我国国民生产总值从最初的4657亿元上升到527533亿元，平均每年的增长率高达8.9%，在同一时间内世界经济总值上升率仅仅只有2.7%。在1980年我国经济水平还排在第八位，而如今已经位居第二。人均国内生产总值在35年之间，由最初的452元上升为35480元，平均每年增长8.8%。对这些数据进行分析可以看出，随着人们生活水平的提高，越来越多的金钱花费在娱乐休闲方面。从旅游行业的角度来看，相关数据显示当人均国内生产总值达到5000元人民币时，人们的旅游形式多为观光浏览为主；当人均国内生产总值达到12000元人民币时，旅游形式开始出现变化，开始向休闲娱乐方向转化；而当人均国内生产总值达到18000元人民币以上时，人们对旅游提出了更高的要求，不仅仅满足于一些简单的观赏与娱乐，人们渴望通过旅游尝试新生活，获取一种前所未有的体验。由此可见，旅游行业需要在各个方面不断更新与完善。早在2005年，我国人均国内生产总值就已经超过12000元人民币，也是在同一时期旅游的形式与种类开始出现变化。由于工厂的大量建设、汽车尾气的排放等，城市环境受到了极大的污染。快节奏的城市生活也带给人们更大的压力，高强度的工作、沉重的家庭责任给人们一种窒息的感觉。另外，由于环境污染的程度不断加深，使人们对自己的生活出现厌倦的心理，心中的抱怨越来越多。更多的人反而对乡村清新的空气、魅力的环境以及悠闲的生活十分向往，缓慢的乡村生活使人们的心情得到短暂的放松，这也是大力建设乡村旅游的重要意义所在。

二、乡村生态化旅游与农村经济发展相互促进

从结果的角度来看，乡村生态化旅游建设与农村经济发展目的是相同的，即增加村民经济收入，带领村民走向致富道路。为达到这一目标，需要两者共同发挥其独有的作用，通过吸引大量游客以增加消费量，彻底改变农村收入的主要来源和农村经济发展方向。随着农村经济发展，其本身的产业结构也会发生一系列的变化，如基础设施不断完善、村民对农村发展有了全新的理念等，从而建设、培养新农村。作为一种新型的经济发展形式，乡村旅游对农村经济的发展起着至关重要的作用。无论从经济效益还是乡村经济可持续发展的角度而言，乡村生态化旅游都实现了城市与农村的资源共享和消费循环。旅游消费不仅限于城市之中，农村也将展现其独特的魅力，从而吸引城市中的游客进行消费，在一定程度上缩短了城乡之间的差异。而农村不断增长的旅游消费吸引力将对经济发展产生较大的影响，促进乡村生态化旅游行业不断发展。在乡村旅游建设与农村经济发展的共同作用下，很多乡村都实现了最初目标。村民生活水平得到提高，农村精神文明建设也将得以发展，这使乡村旅游更具内涵与文化意义。另外，基础设施的不断完善，使新农村拥有了崭新的面貌。物质基础得到保障，为村民提供更多的学习机会，村民素质的提高使乡村旅游各项活动顺利得以开展。乡村旅游对于第三产业的发展有着重要的促进作用，更多工作机会的出现提高了当地以及周边村民的就业率，收入也随之升高。乡村旅游面向的人群多为城市居民，城市居民的到来带来了全新的思想，而

城乡的融合对于农村经济的发展具有很大益处。一些乡村由于交通与通信条件较差，与外界的接触较少，形成了其独有的生活方式与民族文化，从而吸引大量游客前来体验生活。因此，乡村旅游的发展要结合我国传统文化与民族特色。综上所述，乡村旅游与农村经济建设正以相互作用的形式，促进社会进步。

（一）乡村生态化旅游对农村经济发展具有积极作用

通常来说，来自城市的游客消费要求较高，现有的乡村环境很难满足消费者的需求。这就在一定程度上促进了商品经济的发展，乡村旅游所涉及的各个产业都得到了有效的结合与发展。农村经济发展中涉及的第二产业、第三产业较多，综合性也很强。乡村旅游中包含的农家活动与观光活动，都能够促进农业、交通、网络产业的升级与转变。近年来，各类蔬菜水果的采摘园成为乡村生态化旅游的热点，城市居民能够体验到前所未有的采摘乐趣，吃到新鲜的瓜果蔬菜，使村民的收入增加，促进了乡村农业经济的发展。乡村生态化旅游的持续发展为农村经济发展带来源源不断的动力，整体产业结构也得到优化。众所周知，我国属于农业大国，可见农民对于我国经济发展的重要性，随着科学技术水平的不断提高，更多的机械代替人工，使很多农民的就业成为问题，促进农民就业就是经济发展的必然趋势。根据国家相关文件要求，截止到 2015 年，旅游行业的规模将进一步扩大，平均每年解决 50 万余人的就业问题，其数量占农村待业人员总数的 15%。由此可见，乡村旅游行业在劳动资源的转移与分配方面有着不可忽视的作用。由于旅游行业涉及方面较广，能够带动许多产业的发展，例如餐饮行业、旅馆行业等。这些行业的发展都需要大量的劳动力，更多岗位的出现带给村民更多的发展机会。虽然我国现阶段老龄化严重，未来劳动力势必会出现短缺的现象，但目前看来，我国农村劳动力仍然相当充足。很多年轻人到附近的城市外出打工，农业的发展主要依靠中老年劳动力，但农作物的种植受季节的限制，在农闲时村民存在没有经济收入的问题，发展乡村生态化旅游则能够有效解决这一问题。乡村生态化旅游游客一般都来自城市，城市居民对于环境的要求普遍较高，例如吃饭与住宿。农村生活环境与城市的差异较大，常常不能满足广大游客的要求。如今，网络通信是人们生活必不可少的一部分，城市的网络覆盖全面，通信十分便利。但乡村受多种条件限制，网络信号很差，游客不能正常上网，使来自城市的旅游者获得不良的体验。平日里乡村道路中来往的车辆较少，一旦到旅游旺季，车辆的大量聚集使乡村道路无法承受这样的压力，若主要道路损坏，就会给交通带来阻碍，长此以往对乡村旅游行业的发展十分不利。由此可见，乡村旅游的发展需要依靠完善的基础设施，而农村基础设施的建设需要乡村生态化旅游的促进。乡村生态化旅游经济的持续发展，离不开自然资源与生态环境的支持，而大多数自然资源都是不可再生的，在乡村生态化旅游的建设中要注意环境与资源的合理利用与保护。为了农村经济的持续发展，要对乡村环境进行优化，尽最大努力保持自然资源系统的平衡与生态系统的循环。在当地政府与相关部门的引导下，对乡村生态化旅游所利用的自然资源进行规划，减少旅游活动对环境的污染，保持农村美丽的自然环境，促进本地区经济的可持续发展。

（二）农村经济发展对乡村生态化旅游的作用

农村经济的提高给乡村生态化旅游提供了资金基础，可用于多种方面的建设，还可以加强乡村旅游的宣传力度，使其发展更具全面性。我国一些农村地区比较闭塞，在水、电、医疗以及教育方面存在许多不足之处。从发展的角度来说，如此落后的基础设施与经济条件对乡村旅游是非常不利的。我国地大物博、疆域辽阔，很多乡村都拥有着独具一格的自然景观与浓厚的文化氛围，但因为这些基础设施的缺乏与经济的落后，导致游客数量很少。因此，没有乡村生态化旅游业的带动，经济发展停滞不前，形成了一个恶性循环。基于这一现状，农村要积极开展招商引资项目，使交通、服务等方面的基础设施不断完善，使当地乡村旅游行业得到发展。农村经济的可持续发展能够带动产业升级，使商品经济渐渐走入村民的视野之中，村民可以为乡村旅游提供更多的产品。我国一直十分注重农业的发展，越来越多的科学技术融入农作物的种植和畜牧的养殖方面。动植物的品种越来越多，一些奇特的动植物也能够为乡村旅游吸引更多的游客，例如袖珍白菜、方形西瓜、无土栽培等。目前，农村各行各业人才稀缺，为解决这一问题，我国推出了相关政策鼓励大学生扎根基层，为农村的发展带来贡献。政策推出后，大量的大学生涌入农村，作为村官、村医以及教育工作者，为农村奉献出宝贵的青春。这一举措实现了社会主义新农村的建设，培养了有文化的新型农民，为农村经济持续发展提供保障。

三、乡村生态化旅游与农村经济发展相互制约

乡村生态化旅游与农村经济发展之间的关系十分微妙，两者虽然相互帮助、相互促进。但在一定程度上也存在着相互制约的作用。乡村生态化旅游在资源的开发利用与基础设施的设置过程中都会受到当地经济发展的限制，由于多种市场因素与乡村生态化旅游品牌自身的定位和影响力，能够吸引的游客数量是有限的，游客实际的消费能力也会小于预计的额度。乡村生态化旅游之所以能推动农村经济的发展，是由于市场、品牌、消费等多种因素共同作用产生的结果。从客观的角度来说，两者之间相互推进又互相控制。随着大量城市居民来到农村旅游，势必会对自然环境造成破坏，例如水资源的浪费与空气的污染。另外，外来人员的涌入也会对当地文化与风俗造成冲击，农村如果渐渐被城市所同化，就失去了乡村生态化旅游的意义，更不利于农村经济的持续发展。当乡村失去了它原有的样子，对城市居民也就没有了吸引力。由此可见，乡村生态化旅游与农村经济发展之间是存在一定矛盾的。

（一）发展乡村生态化旅游对农村经济的影响

乡村生态化旅游从农业的角度来看，是一种全新的经营方式，改变了经济的来源，使村民收入得到提高。但事实上，这却是对自然资源与生态环境的一种消费，其间产生的负面影响也是无法估量的。首先，若想使乡村旅游得到更好的发展，就要增加一些基础设施，例如车站、酒店、饭店、地下管道铺设、景观建设等。这些设施的建立在一定程度上对农村地区原有的地貌造成了改变，甚至会破坏森林树木，形成严重的水土流失，这些破坏往往是无法弥补的。其次，在乡村生态化旅游建设中没有结合当地自然情况进行合理规划，过于注重新项目的建设，而不将自然环境考虑其中，使建筑与周边山水格格不入，很难让人感受到美感。另外，建筑垃圾若随意丢弃，将会给环境带来巨大的影响。更有甚者为了迎合城市居民的品味，对城市园林进行模仿，改变了乡村原有的生态环境，也失去了乡村自身的特点。目前还存在一些开发商为了眼前利益，不顾农村生态系统的承载能力，在乡村旅游的旺季为抓住短暂的商机，大量出售门票，使乡村范围内人满为患，生态系统超负荷运作，最终导致系统崩溃，对乡村自然环境造成了不可修复的影响。乡村生态化旅游在招揽游客的同时，来往车辆越来越多，使尾气排放量也随之增加，另外还会产生更多的生活垃圾，这些现象必定会对农村水源、空气、土壤等自然资源造成污染。最后，需要注意的问题就是游客的不文明行为。近年来，我国国民整体素质得到了提高，但仍然存在一些素质低下的人。另外，相关学者也曾提出"道德感弱化"的观念，也就是说旅行是暂时离开自身生活环境的一种方式，在异地短暂停留的过程中就很容易使游客的道德感弱化，这种思想感情的变化会引发人们的各种不文明行为。面对这一问题，

乡村旅游的相关部门要设置专人对游客行为进行监督提醒，保证自然景观与环境不遭受人为破坏。

（二）农村经济发展对乡村生态化旅游的制约

乡村生态化旅游的建设同样需要依靠资金投入，其中包括民间资本与金融资本。目前来看，乡村生态旅游的建设与发展时常出现运转资金不足、资金来源单一等问题。为改变这一现状，首先要使当地政府与财政部门对乡村生态化旅游引起重视，加强对乡村基础设施建设的资金投入，并对其融资过程进行指导。对于一些环境保护的重点项目，当地政府应适当地给予一些贷款补贴等。另外，要不断完善融资系统，逐渐将乡村生态化旅游的各个景区的产权、管理权利与经营权利分化，推动乡村生态化旅游建设向市场化发展，在不破坏环境的前提下将自然资源最大限度地转化为经济资源，进行大力宣传与招商引资，吸引社会各界资金的投入。同时为鼓励乡村生态化旅游建设，相关税收部门可实行一些优惠政策。目前，乡村生态化旅游的很多方面还属于起步阶段，需要依靠政府的帮助、科学技术的应用以及社会各界的支持。此外，还要注重人才的引进，并对现有工作人员进行培训，从环保知识、服务理念入手，提高乡村生态化旅游行业人员的整体素质，为其发展打好基础。

综上所述，虽然乡村生态化旅游与农村经济发展存在一些矛盾，但总体看来，两者还是起到了相互促进与相互影响的积极作用，提高了我国社会经济发展速度。乡村生态化旅游对农村经济的发展起到极其重要的作用，而农村经济的发展也为乡村旅游系统的完善提供了资金支持。但两者之间存在的制约性也是不可忽视的事实，因此在乡村生态化旅游与农村经济建设中，要使用辩证的角度来看待两者之间的关系，既要肯定其积极的作用，也要尽量避免负面的影响。另外，在大力发展农村经济的同时，需加强对自然资源、生态系统以及民俗文化的保护，相关部门应建立针对乡村生态化旅游的规定，使环境与资源保护有据可循。与此同时充分发挥农村独特的优势，开发出更多形式多样、吸引人的旅游产品，为乡村生态化旅游活动增添活力。在营销方面不断创新，可使用发达的网络技术与新媒体技术进行宣传，让乡村生态化旅游被更多人了解，形成品牌效应。在未来的工作中，要对乡村生态化旅游与农村经济进行进一步的探究，实现乡村旅游生态化与社会主义新农村建设的宏伟目标。

第三节　乡村生态化旅游对农村经济发展的影响

旅游业已成为朝阳产业，乡村旅游更是对农村的经济发展起到了巨大的促进作用，与此同时，旅游业带来的负面影响也很大，比如对环境的破坏和污染，致使当地自然生态系统不断退化，不能进行正常的内部循环等。国内旅游业学者通过吸取国外的经验和教训，不断改进旅游业管理体系，提出了"乡村生态化旅游"这一理念。乡村生态化旅游不仅使乡村旅游业能够可持续发展，还能够使乡村旅游区可持续发展，对农村的经济发展意义非凡。

一、乡村生态化旅游开发对农村地区产业结构的影响

（一）乡村生态化旅游概述

乡村旅游是指发生在乡村地区的旅游活动。乡村生态化旅游主要是指针对农村资源浪费、

环境污染现象进行改善和整合的一种生态化旅游模式，目前来看并没有更具体的概念，其包括的内容非常丰富。在乡村旅游的最初阶段，人们对乡村旅游的认知不同，关注的是观光农业到农业旅游的转变，之后又转变成乡村旅游，这不难看出人们对乡村旅游范围由小到大的转变过程，这就需要人们对乡村旅游有更进一步的理解和认知。乡村旅游主要包括两个方面：发生在农村地区的旅游和以农村为吸引力中心的旅游。乡村性还被作为一种分界标准，它具有三个特点：一是地广人少；二是土地主要被用来耕种，保留有原始的自然景观；三是继承了传统的习俗和文化。这样就会很容易界定发生在农村的旅游不一定就是乡村旅游，乡村旅游和保护生态环境的生态化旅游是有区别的。乡村旅游的过程主要是观光、享受和休闲，乡村的环境氛围是主要的吸引力，游客大多数是城市居民。乡村生态化旅游能够让农村居民获得更多的经济收入和提供旅游服务的收入，这样不但能够提高农村居民的生活水平和文化水平，还能够使游客和当地居民之间有很好的沟通和交流，促使乡村居民提高对家乡传统文化价值的感知，对打破城乡之间的结构差异也有巨大的作用。国内学者吸取国外乡村生态化旅游的经验，因地制宜，促进城乡之间协调发展，对城乡居民之间的人际关系和信息沟通有较好的促进作用。

国外早在 20 世纪 70 年代就形成了乡村旅游，随后伴随着我国居民生活水平的提高，国内也逐渐兴起乡村旅游，比如浙江的农场花木果园等，其中的一些景观还被归为国家级乡村旅游示范点，足以证明生态化农业推动了乡村生态化旅游的发展。国内的乡村生态化旅游最早是在南方某些地区兴起的，主要以乡村的田园风光为旅游区，与农业和自然生态联系甚广，进而保护自然生态环境和自然景观。乡村生态化旅游资源的开发离不开政府的支持和鼓励，近些年国家号召建设社会主义新农村的目的在于使大部分农村同时进行改革，使得乡村生态化旅游与社会主义新农村之间相互扶持、相互促进。随着乡村生态化旅游的不断发展和改善，有些地区实行了低价租赁土地的政策，用来促进旅游业的相关投资。城镇市民的生活节奏很快，早出晚归，去乡村旅游能够很好地释放工作压力，亲身体验安静放松的生活方式。随着国家社会生产力的提高，农村也得到了很大的改善，交通和通信等设施更加完备，大大提高了农村的可进入性，为人们旅游提供了方便。人们越来越喜欢自助式游玩，可以随意地欣赏乡村遗产、体验乡村传统兴趣。乡村生态化旅游与保持乡村特性之间的矛盾一直是国内学者研究的课题。由于城镇市民对乡村悠闲的生活方式和贴近大自然的居住环境非常向往，产生了乡村旅游的动机，这样就会出现一个问题：如果乡村被发展成了乡村旅游区，当地的居民过上了和城镇类似的现代化生活，那么就会将城市病带到农村，乡村旅游的吸引力也会大大降低，因此有必要保留原始的农村景观和农村习俗，而乡村生态化旅游正好可以改善这一问题。

（二）生态化旅游开发对农村地区产业结构的影响

乡村生态化旅游不仅能够实现农村资源的可持续发展，还能够改善农村地区人们的生活方式和生活水平，对人与自然的和谐共处起到很好的促进作用。"乡村生态化旅游"这一理念早在 20 世纪 50 年代就出现了，当时人们认为乡村生态化旅游系统应该效仿自然生态系统，并建立相似的生态化系统。乡村生态化旅游符合国家政策，也符合科学发展观和可持续发展观的要求，更加符合当今社会发展的需要，这一理念为广大农村旅游业发展指明了前进的方向，它是时代发展的新趋势，也是国家和人民认可和提倡的朝阳产业。众所周知，乡村有美丽的田园风光，也有很好的自然条件，若好好利用这些自然资源和当地的地理条件，便能够把自然环境的特征转化为经济发展的优势，把旅游观光转化为主要的生态化旅游模式。乡村生态化旅游模式的核心部分是美妙的田园风光，包括稻田、果园、菜园、山水、树林和田园等乡村自然风景。乡村生态化旅游对农村本地的经济影响主要来自农村旅游资源的生产和消费过程，旅游产品的生产和消费往往是同时发生的，游客带来的消费活动必然会对当地的自然生态环境造成影响，因此乡村生态化旅游将产生多方面的作用和影响，政府对其必须加以控制和改善。乡村生态化旅游的发展对当地旅游区的作用和影响也是很复杂的，具有综合性，有些旅游区将耕地修成了停车场和娱乐场所，减少了耕地的面积，违反了国家政策，国内学者认为应该解决农村旅游项目占用农民耕地的问题，要建立健全对农民的补偿制度。

在乡村生态化旅游开发中，势必要选择当地具有显著特征的景观和资源进行开发和建设。据调查，城市周边或者名胜古迹周围的乡村景观更受人们的欢迎和期待。人们在城镇居住的时间久了，这时他们需要远离工作，远离压力，回归自然，放松自己。回归乡村，去一个如世外桃源般的生态化乡村感受自然、亲近自然，因此位于城市周边的乡村更迎合人们的需求。人们在假期游名胜古迹的时候，也喜欢在附近的乡村住上几日来放松心情，因此在山水景点周边的生态乡村也很受欢迎。在著名景观附近的生态乡村，与景观旅游路线相关联，这样周边的农民就能够通过提供服务来赚取收入，从而改善自己的生活，也能间接促进农村旅游业的发展。随着我国国力的增强，农村农业发生了翻天覆地的变化，现代的农业不仅具有生产功能，还具有很好的观光功能，形成生产性景观，为人们提供更好的感受、观赏等生活功能，因此逐渐出现了观光农业。所谓观光农业是一种比较新兴的产业，在乡村生态化旅游中有很大的发展潜力，能够指引乡村生态化旅游前进的方向。乡村景观有很多种，比如通常见到的观光木业、观光田园、观光畜牧业等。乡村景观发展模式与城镇互相连接，更能加快乡村生态旅游业的发展速度。我国是一个历史悠久的文明古国，文化资源非常丰富，尤其是乡村。乡村受到人们破坏的程度较小，保存了很多的原始文化，建立乡村生态旅游模式能够很好地对乡村文化进行继承和发扬，对当地的文化发展也有很好的促进作用。此外，拥有多种资源的乡村可建立混合型的旅游区，可为旅游开发提供多种不同的格局，除了基本的自然生态环境，还有丰富的文化资源和农业景观资源，这就使得乡村生态旅游更有具吸引力。乡村生态旅游代表着乡村生态化的演变程度，它是发展新农村的必经之路，也是最好的选择，在未来的发展中要进一步加强对农村自然环境的保护，逐渐提高农村经济发展水平，将乡村生态化旅游推向新的高度。乡村生态化旅游与农村经济的可持续发展一直是国内乡村研究的重要课题，国内学者对很多乡村旅游的具体案例做了研究，其中有乡村生态化旅游开发对农村社会经济和自然生态的影响，也有创新信息技术在农村可持续发展中的地位分析。农村经济的可持续发展前提条件便是与自然环境相适合，这样的背景下建立乡村生态化旅游协调发展的管理体系、发展乡村生态化旅游对缓解当地农村的经济有很多的积极作用：一是通过合理的整治，能够解决农民收入难的问题；二是通过发展生态化农业，能有效提高农业产品的质量；三是通过开设餐饮、宾馆等服务项目，能够有效地解决剩余劳动力就业的问题，争取实现旅游业和农业协调发展的最终目标。

二、乡村生态化旅游发展对农村地区经济发展方式和收入分配结构的影响

（一）乡村生态化旅游对当地经济发展方式的影响

乡村生态化旅游的发展重点在于可持续发展，不仅能够增加旅游区居民的收入，还能改善居民的生活方式和生活态度，提高居民的生活水平和文化水平。通过游客和农村居民之间的沟通，能够提高居民对当地文化价值的认识，这样不但能够打破城乡之间的结构差异，还能够缩小城乡之间的收入差距和素质差距，对城乡之间居民的交流有很好的帮助。目前来看，我国已经进入工业反哺农业、城市支持农村的时代，发展乡村生态化旅游是推动社会主义新农村发展的有效途径。我国是历史悠久的文明古国，但与国外相比，我国人口基数较大，农村人口占大多数，剩余的农村劳动力非常多。由于农村地区工业不发达，就业压力也很大，乡村

生态化旅游的可持续发展能够很好地解决农村劳动力大量剩余和发展农村经济的问题，还能大幅度提高农民的收入，进而缓解国内经济发展的压力。乡村生态化旅游对当地的经济和生态环境有多个方面的作用。传统的农村耕地作用单一、生产产品单一，虽然农民投入少，但是产出也很低，且是一种很不合算的使用方法，通过对乡村生态化旅游的建设，能够促进农村经济效益的增长，提高农业的社会效益，并且增加农业的高科技技术，使我国的农村走上社会主义现代化农村的发展道路。

乡村生态化旅游是一项长期发展的项目，社会主义新农村发展需要与乡村生态化旅游发展需要相配合，进而做好合理的统筹规划。乡村生态化旅游涉及的项目众多，其中最重要的是涉及农村地区人民的经济利益和当地自然生态环境利益，研制出一套合理的乡村生态化旅游管理体系是发展乡村旅游最有效的途径。另外，三农问题是否能合理解决也是我国社会发展的重点问题。乡村生态化旅游能够将乡村资源合理地开发和利用，同时又有政府政策的支持，能够很大程度上提高农民的经营收入，这算是三农问题解决的一个重要突破口。建设乡村生态化旅游系统能够有利于农村产业结构的整合和改造，为农村人民提供足够的就业机会。我国大部分农村地区仍然以种植业为主要产业，第三产业非常罕见，产业结构非常不合理，乡村生态化旅游的可持续发展意在将部分剩余劳动力转移到第三产业，比如农村的手工艺术或者餐饮行业等。发展乡村生态化旅游需要美化农村的田园、道路和周围的环境，需要整治不合理的产业布局，打造出错落有致的田园风光，此外增加绿色植物也可改善自然环境，进而达到乡村生态化旅游的可持续发展。乡村生态化旅游不仅能够带动当地的信息流通、资金流通、技术流通，还能够改善当地的投资情况，为招商引资增加吸引力。因此，利用乡村生态化旅游能够改善当地的产业结构，进而推动当地的经济发展，促进农村的城镇化建设。

（二）乡村生态化旅游对当地收入分配结构的影响

乡村是相对于城市来说的，国内的乡村远不及城市繁华，属于不发达地区。首先，发展乡村生态化旅游能够保障农村地区的合理建设和协调发展，农村的经济发展离不开经济发展理论的指导。美国最早提出了区域平衡发展论，这一理论指明平衡发展生产力，实现各区域经济发展平均，强调要加强农村地区的投资和建设，使得各区域生产稳定、发展平均。平衡发展论重点在于促进社会协调发展，缩小城乡之间的收入差距和维护社会和平稳定，有利于各区域产业协调稳定的发展。法国学者提出的增长极理论指出经济发展较好的区域依靠较好的产业供给，应该将综合条件好的区域发展成为经济增长极，再通过增长极效应，进而推动周边地区经济发展。增长极效应包括金钱、资源等要素向农村聚集，其中的扩散效应包括生产要素向外分散，当增长极到一定程度后，极化效应便会减弱，扩散效应会占主导地位。乡村生态化旅游的可持续发展不仅能够促进城乡之间的沟通，缩小城乡之间的经济差距，还能够缩小城乡之间的文化程度差距。农村的文化习俗和自然风貌都是乡村生态化旅游得以发展的前提条件，其次就要发展农村的生产力，实现现代化农业。乡村生态化旅游的目的是要改善农村的基础设施和自然生态环境，改善交通和通信等生活条件，从而提高农业综合生产力，发展特色农业，继承当地文化传统；另外，还需在当地政府的扶持下，使得乡村生态化旅游与农业协调稳定发展。发展乡村生态化旅游，通过建立城乡之间的沟通渠道，有利于政府扩大对农村地区的投资和政策方面的支持，能够促进资源和金钱等流入农村地区，促进了社会主义农村的全面发展。很多农村地区大幅度改善基础设施，全面整治了农村的面貌，这对农村地区的基础设施和住宿条件的优化起到了促进作用。

党的十六届五中全会提出"生产发展，生活宽裕，村容整洁，乡风文明"的指导思想，明确了建设社会主义新农村的任务，也确定了我国新型农村发展的总目标和总要求。我们党下达的主要任务还包括解决"三农"问题，建设新时代的社会主义新农村能够有效促进城乡统筹发展，并且促进以城带乡，这样不仅有利于抑制城乡差距越拉越大，还有利于扩大农村的市场，进而从根本上解决三农问题。过去的中国主导产业是农业，随着生产力的发展，目前我国主导产业已经转型为非农业，带动经济的主要动力也来自非农业。我国已经进入了工业化阶段，主要表现为以工促农，以城带乡。发展乡村生态化旅游促进了社会主义新农村的建设，符合我国的国情，并且与我国的区域发展战略相适应。乡村生态化旅游是一项非常重要的工程，能够拉近城乡生产要素之间的关系，为农村经济的发展开拓新的发展途径。我国的社会主义新农村建设既需要政府的支持，还需要农村居民的协助，既需要尊重农村居民的意见，还要发挥政府领导职能。乡村生态化旅游依赖于新农村建设的指导思想和理论，主要任务是建设城乡一体化。目前来看，城乡之间各种要素关系需要被强化，要加强乡村地区资源的流动，尽早建立城乡间的协作体系。乡村生态化旅游倡导不破坏农村居民的土地、不破坏农村的文化根基，这是保障乡村生态化旅游可持续发展的关键。城乡一体化与乡村生态化旅游相适应，城乡之间的沟通使得某些产业和文化的联系更加密切。实现我国社会主义新农村的重要战略之一就是发展乡村生态化旅游，乡村旅游不仅能使城镇居民放松自己，还能带动城乡之间生产要素的流转，可使城乡间的旅游产业分布得更合理。乡村生态化旅游与城乡一体化相辅相成，互相衬托，发展乡村旅游也是建设社会主义新农村的重要环节之一。乡村生态化旅游能够优化乡村经济的产业结构，还能促进农业的多样化实现，大力推动农村经济的发展，增加农村居民的经营收入，从而大大缩小城乡收入之间的差距，乡村生态化旅游也为乡村旅游可持续发展提供了更广阔的空间。

三、乡村生态化旅游投资对增加旅游资源附加值的影响

（一）旅游资源附加值的概述

旅游资源是指旅游区域经营者为了迎合和满足游客的需要，利用自然环境和游玩基本设施所提供的所有服务的总称。大多数的旅游资源都属于服务产品，每个旅游区域的旅游资源都分为主体价值和附加值。其中，主体价值就是旅游区域的主要服务项目带来的经营收入；附加值是指不同于主体价值的，并且用以辅助主体价值的辅助类服务项目，主要作用是给游客带来额外的身心愉悦的效果。比如一个旅游区，山水风景是旅游资源的主体价值，休闲和娱乐则是旅游资源的附加值，主体价值往往只有一个，然而旅游资源附加值却可以是很多种。增加旅游资源附加值的方法大致分为三种：横向一体化、营业促销和差异多样化。某个旅游区的名胜古迹必然是主体价值，可通过在旅游区修建园林、花坛和水池等来增加景观服务的类别，从而增加旅游资源的附加值。人们都知道旅游度假村是很好的休闲娱乐场所，在这里静心修养是旅游资源的主体价值，通过在此旅游区增加棋牌、陶艺和沐浴等服务项目，增加娱乐的类型，从而增加旅游资源的附加值。

（二）乡村生态化旅游投资对增加旅游资源附加值的影响

乡村生态化旅游投资项目的主导者是当地的政府，政府的投资主要用以建设旅游区基础设施，这方面投入的金额很大，收益不高，但这一环节是必不可少的，严重地关系到未来的旅游经营活动能否顺利开展。旅游资源附加值的种类很多，比如公园中的树林景点是旅游资源的主体价值，可在此旅游区域建设科普教育性设施（花草树木品名标签等），增加旅游服务项目，进而增加旅游资源的附加值。旅游经营商实行环保生产和环保服务，以整个产业体系面向旅

游消费人群，在各个企业之间实行净化和循环的过程，并且各个企业之间物质资源循环使用，合理维持自身运转系统，意在节约资源、减少污染、保护环境，不仅能够实现各个企业之间的互利共生，还能够维护自然生态环境的协调发展。各个企业之间团结协作，共同推动社会主义新农村的发展，并提高农村居民的生活水平和游客的消费水平，进而增加旅游资源的附加值，通过旅游业系统的稳定运转，进一步实现乡村生态化旅游。

乡村生态化旅游投资者还可以鼓励导游带领游客做一些参与性的问答活动，在游客回答问题的同时，也获得了知识和技能，使游客的身心都得到了满足；还可以由旅游区域的专职人员指导游客做一些手工或体育活动，在游客获得知识的同时也体会到了成就感，通过这些游客心理上的满足，进而创造出旅游资源的附加值。乡村生态化旅游区经营者可通过向游客提供咨询、车票代购、代订食宿等方式关爱游客，让游客觉得安全快捷和温馨，进而创造出旅游资源的附加值。当今时代，国内外都将可持续发展视为发展的主要战略目标，乡村生态化旅游是旅游业发展的客观前提，对自然生态环境意义重大，因此加大对农村的乡村生态化旅游的投资，不仅能够建设更完善的基础设施，还能为游客提供更加便捷、多样的服务项目，进而增加旅游资源的附加值。乡村生态化旅游能够顺利实现的前提是建立一个结构层次明确的产业生态系统，该系统内部能够合理地利用资源并形成内部的高效循环，将旅游业归于自然生态系统中，通过对旅游业和自然环境结构上的整合，使得资源得以循环、高效地使用，因此建立一个生态化旅游产业系统是发展乡村生态化旅游的核心，若想增加旅游资源的附加值，增大对乡村生态化旅游的投资也是很有必要的。乡村生态化旅游投资与建设社会主义新农村是互相促进、互相发展的，发展乡村旅游业能够很好地推动社会主义新农村的建设，进而增加旅游资源的附加值。乡村生态化旅游能够带动当地的农副产品、手工艺术品、房地产等的发展，还能促进农业的产业化结构的调整。乡村旅游能使很多农民成为旅游业经营者，进而增加经营收入，此外还可通过摆摊位、开餐饮、卖纪念品等来增加收入，甚至还参与旅游项目的分红。乡村旅游将城市里的很多知识和文化带到了农村地区，能够提高农民的素质和文化水平，甚至很多村民能够自觉地学习普通话和计算机等，这将会大幅度提高农民的素质。乡村旅游通过对当地资源的开发和保护，促使农民有意识地保护当地自然环境和文化习俗，也促进了农村地区的可持续发展。

伴随着国家生产力的提高，农村的经济得到了改善，交通和通信等设施更加完善，很大程度上提高了农村的可进入性，为人们旅游提供了方便。人们在赏景游玩的同时，可以随意地欣赏乡村遗产、体验乡村传统习俗，在发展乡村生态化旅游的同时促进了农村地区经济的发展，推动了社会主义新农村的建设。乡村生态化旅游与保持乡村特性之间的矛盾一直是国内学者研究的课题。由于城镇居民对乡村的生活方式和居住环境非常向往，以至于产生了乡村旅游的动机，这样就会出现一个问题：如果乡村被发展成了乡村旅游区，那么人们就会将城市病带到农村，乡村旅游的吸引力也会大大降低，因此保留原始的农村景观和农村习俗很有必要。乡村生态化旅游的发展为农村引入了现代化理念，在政府的扶持下，农民可以自主地进行农村管理，将会大大提高农村人民的积极性和管理水平。

第四节　农村经济发展对乡村生态化旅游的影响

随着农村经济的发展与乡村生态化旅游的兴起，不难发现两者之间有着密切的关系，农村经济的增长对乡村生态化旅游的影响巨大，笔者将从以下四个方面说明：一是农村经济的增长可为乡村生态化旅游发展提供物质保障；二是农村经济的增长促进乡村生态化旅游产品转型升级；三是农村经济的增长促进乡村生态化旅游服务质量的提升；四是农村经济的增长可为乡村生态化旅游提供人才支撑。

一、农村经济的增长为乡村生态化旅游发展提供物质保障

良好的经济可以为乡村旅游提供充足的物质保障，首先它可以为乡村生态化旅游提供足够的资金支持，其次可以完善基础设施的建设，还可以保护传统的风俗文化，帮助乡村生态化旅游宣传，推进其更好地发展。

随着城市化和工业化的发展，在城市生活的人们更希望走出去，回到自然，感受乡村的气息，乡村生态化旅游就因此诞生了。这种形式的旅游地点是在农村，由农户来提供吃、住、玩儿等一系列活动，常见的活动场所就是农场、牧场等。这种旅游类型就是以乡村场所为主要的活动场所，以独特的生活风情、田园风光作为对象，其基本的形式就是依靠独特的农业资源、农村的自然景观和田园风光，主要针对城市居民的旅游区。

乡村旅游要得以可持续发展，经营者应秉着生态旅游发展理念，保护本土原生态特色风景和气息，结合乡村原生态民族文化、原始自然风光、原貌历史遗存等乡村旅游资源优势与潜力，实行全域民族乡村旅游保护发展。乡村生态化旅游具有以下四个特点：

一是丰富的乡村景观。乡村生态化旅游以自然生态环境景观与人文景观为旅游资源，主要由田园景观、乡村建筑景观、农耕文化景观、聚落景观和民俗文化景观组合而成。其包括以下几种乡村景观：①田园景观。田园景观是乡村景观最主要的组成部分，主要以农村田园、农业生产活动和特色农产品、自然水体或人工水体等经济区域为休闲吸引物，能够呈现不同特色田园主题观光活动的区域。②乡村聚落景观。乡村聚落景观呈现的是乡村聚落空间的组织形态，主要包括乡村聚落建筑、聚落社会空间、经济空间以及文化空间，它们共同组成了乡村聚落景观体系，彼此之间形成了既相互联系、互为渗透又相互区别的有机整体，从而表现其独特的旅游价值。③建筑景观。每个地区的乡村住宅都具有一定的地域特色，往往是风格迥异的，常常会带给游客不同的感受。例如，内蒙古草原的蒙古包、苗乡的寨子、黄土高原的窑洞等。④农耕文化景观。作为历史悠久的农业古国，我国在长期的农耕实践中孕育了丰富的农耕文化，农民在进行农耕活动的过程中对自然植被、村落、农田、河流、渠道等进行利用与改造，并形成富于地域文化特色的农业生产形式，例如割破、烧耕、运水车、围湖造田等，自然景观和人文因素的共同影响而形成富于地域文化特色的农耕文化景观。⑤民俗文化景观。民俗文化景观与民俗文化相互关联，民俗文化景观可以说是特定民俗文化的外化形式，不仅集中体现在非物质形式层面，而且包括民俗文化对古村落物质景观的约束和塑造作用，涉及人的食、住、行、游、购、娱、研、学等方面，它是研究古村落景观的重要内容。由于古村落之悠久历史与丰富的民俗文化已深深植入其景观中，所以要深入探讨古村落民俗文化景观，就要对特定古村落居民的风俗习惯与村落环境之间的关系进行分析，这在全面建设"美丽乡村"的时代背景下显得尤为重要。

二是地区的多样性和时间的差异性。乡村生态化旅游资源主要源于农耕形式、自然风光及传统的民俗。根据地区的不同，乡村生态旅游资源所具有的自然环境与传统文化也会存在差异，正是这种差异性才能满足不同游客的需求。比如具有典型文化特色的村落可以设计旅游观光项目，让游客体会不同的风俗文化；农业特点突出的地区可设计农业观光旅游项目，让游客参加农耕劳动，如杭州龙井村在采摘季节让游客亲身体会采茶的乐趣，享受农耕的快乐；在乡村民俗文化浓郁的地区，可建立民俗文化区，开展一系列民俗文化活动，每一个民俗文

化活动区域联合形成文化景观，大大提高乡村旅游的吸引力。另外，乡村生态化旅游具有时间上的差异，例如要想体会采摘的乐趣，就要在农产品得以成熟的季节才能得以实现，旅游目的地自身的特色以及旅游产品的生产周期等方面对游客来访旅游的季节性产生较为重大的影响。

三是具有体验性。乡村生态旅游为游客提供走进乡村、亲近大自然，欣赏田园风光、探访民俗文化、体验山水乐趣、享受生态休闲的好去处，游客不但可以品尝当地美食，还可以直接参与农业生产，例如体验耕地、播种、采摘、捕捞、烧烤等活动，在活动体验中感受淳朴乡野的气息及乡村旅游的魅力。

四是具有教育性。乡村生态旅游注重乡村旅游规模的小型化，以利于游客的观光质量且不会对旅游生态环境造成负面的影响。随着绿色环保理念的倡导和传播，可持续发展思想日趋深入人心，乡村生态旅游在给游客带来身心健康的同时，也具有启迪和教化的作用，游客在实际体验中领略生态旅游魅力的同时，更加热爱自然，有利于自然与文化资源的保护。

目前，我国乡村生态旅游的发展仍缺乏长远规划、缺乏科学管理、缺乏地方特色，特别是原生态文化和民间技艺未得以较好的保护与传承，交通、住宿、卫生等基础设施建设不足，这些因素严重阻碍了乡村生态旅游的发展。乡村生态旅游的可持续发展需要政府部门科学的管理与监督，合理统筹规划且开发适度；注重挖掘本土文化内涵，突出地域民俗特色，结合本土资源特色，因地制宜地规划与设计旅游项目，进而打造乡村特色品牌；科学营销，提升当地乡村旅游品牌的知名度。

二、农村经济的增长促进乡村生态化旅游产品转型升级

随着农村经济的发展，乡村生态旅游产品已成为区域经济发展带动下的一种新兴产业集群，农村经济的发展是乡村生态旅游活动依存的重要基础，为乡村旅游产业的发展提供了强大的推动力。而随着农村经济的迅速发展、经济发展质量的提升，乡村旅游产业的体系结构、表现方式等也发生了深刻变化。

（一）农村经济的发展促进乡村生态旅游产业增长方式的转变

乡村旅游产业是一种劳动驱动型产业，乡村旅游经济的增长很大部分是建立在对旅游资源消耗的基础上。随着乡村旅游产业发展规模的增大，环境遭到破坏、无数资源消耗等已成为制约乡村旅游产品发展的因素，因而旅游产业的增长方式亟待转变。农村经济的发展对乡村旅游产品增长方式转变的推动作用，一方面表现在对旅游产品生产能力的物化，促使旅游产品向更高级化不断发展；另一方面表现在人们对乡村旅游认识的变化，促使乡村旅游资源的开发要以游客为导向，对富有资源的发掘代替对稀缺资源的无限度利用。如今，乡村生态旅游产业增长方式的转变在很大程度上表现为乡村生态旅游与绿色农业经济发展相结合，该结合不但可推进农村经济产业结构升级优化，还可以为乡村生态化旅游的发展提供物质保障，在一定程度上促进乡村生态旅游产品的转型升级。

（二）农村经济结构的优化推动乡村生态旅游产业结构的转型与升级

产业结构的两个变迁维度主要表现在产业结构合理化和产业结构高级化。农村经济结构的优化对乡村生态旅游产业结构的调整主要表现为农村经济既定国民收入结构的调整、供给能力或者物价水平的变化对乡村生态旅游产业结构产生影响、乡村生态旅游产业营业收入增量的发展改变旅游产业自身的构成比例。

农村经济结构的优化相继带动乡村运输业，餐饮业、加工业等其他行业的发展，从而也为乡村生态旅游的发展提供更多的便利条件与保障。例如，加工业应以发展环境友好型产业为基础，尽量降低能耗和物耗，以保护和修复生态环境为主要手段，注重发展循环经济和低碳技术，不断创新"互联网＋农产品加工业"的发展形式，在乡村农土特产品初加工、精深加工、综合利用加工、重大关键共性技术创新、集中区辐射带动等方面不断优化升级。

（三）农村经济发展质量的提升有利于促进乡村生态旅游产品功能的优化

乡村旅游产品的价值功能在很大程度上是由游客的消费需求得以实现的。在农村经济发展的推动下，游客需求呈现多样化的发展趋势，个性化需求显得尤为突出，以"食、住、行、游、购、娱"为代表的六要素传统旅游需求已不能满足游客对旅游产品品质的要求。乡村生态旅游产品要以绿色发展理念和保护农民利益为出发点，除了开发集乡村生态观光、果蔬采摘、农事体验为一体的乡村旅游产品外，还要打造集生态观光、休闲度假、健康养生于一体的乡村生态旅游集聚带，从而促进农村经济增长，带动景区群众增收。农村经济发展质量的提升为乡村生态旅游产品功能的优化奠定了基础，促进了乡村生态旅游产品的个性化与多元化发展。

（四）农村经济发展促进对乡村生态旅游认知的改变

乡村旅游主要以村庄野外为空间，以人文无干扰、生态无破坏为特色而开展的旅游度假和休闲活动，目的是满足游客日益增长的休闲娱乐以及想回归熟悉大自然的需求。农村经济的发展带动了乡村旅游行业的变革和人民生活水平的提高，人们对旅游的认知与体验发生了较大的变化，乡村生态旅游已成为人们一种重要的生活需求，且旅游支出在家庭以及个人消费中的比重也越来越大。随着旅游扶贫产业的深入和推进，乡村旅游已成为大众选择旅游出行的一种新模式及旅游消费的新亮点，特别是民族地区旅游因其独具特色的民族文化内涵和特色而成为乡村旅游发展的内核和核心竞争力所在。一方面，乡村生态化旅游是满足游客精神文化需求的一种较高水平的旅游体验，而精神与物质资料的消费和享受比重的不断增加也是衡量农村经济发展的重要因素之一；另一方面，农村经济的发展为乡村生态旅游创造了更为有利的条件，促进人们对乡村生态旅游认知的改变，有利于推动农村环境保护的力度，推进美丽乡村建设。

三、农村经济的增长促进乡村生态化旅游服务质量的提升

旅游服务质量对乡村生态化旅游的可持续发展起到积极的促进作用。目前，乡村旅游服务质量已成为提升乡村产业竞争力、增加乡村旅游目的地吸引力的关键。近年来，乡村生态旅游部分景区出现过度追求经济效益，而缺乏对乡村旅游景区资源的保护及有效服务，从而使得乡村自然、人文景观遭受到破坏，乡村生态旅游服务质量的落后严重制约着该地区旅游业的发展。乡村生态旅游景区的游客接待量迅速增长的同时，乡村生态旅游服务质量也应不断得以提升。随着农村经济的增长，乡村生态化旅游不应仅限于产品的开发，而应将其重点放在如何提升乡村生态旅游服务的质量上来，农村经济的增长促进乡村生态化旅游服务质量的提升，主要包括旅游目的地质量、旅游企业服务质量、旅游行业自律水平、游客旅游素质等方面的提升。

（一）农村经济的增长促进乡村旅游目的地质量的提升

农村经济的增长促进乡村旅游目的地质量的提升，首先体现在旅游基础设施的完善方面。农村经济的增长的同时，乡村旅游基础设施的投入也将得到一定的改善，例如铁路、公路、

水路以及乡村景区交通设施水平会得以提高。另外，旅游安全设施、卫生设施、医疗设施和环保设施也将更加完善。其次，旅游公共服务得以加强。例如乡村旅游公共信息、咨询服务、应急处置、投诉处理、紧急救援、旅游保险等乡村旅游公共服务体系也会得以完善，另外道路、景区等设施的标识系统和景区解说系统也将不断完善。再次，农村经济的增长，使得农民收入得到提高，并有益于增强村民参与乡村旅游服务的意识，对推动乡村旅游生态环境保护型开发、旅游资源节约型经营管理、环境友好型消费以及对乡村旅游企业规范经营和打造良好的诚信经营环境起到积极的促进作用。最后，有助于乡村旅游产品体系的完善。农村经济的增长有利于乡村旅游产品科技含量的研发和提升，促进乡村生态休闲度假旅游产品、特色旅游产品的精品化和品牌化发展。

（二）农村经济的增长有利于促进乡村旅游企业服务质量的提升

农村经济的增长有利于促进乡村旅游企业服务质量的提升，首先乡村旅游企业质量标准的完善、乡村旅游企业服务质量手册的编制、乡村旅游产品特色的强化等方面，都需要资金的支持，农村经济的增长是该资金的重要来源。其次，乡村旅游企业在加强其质量管理和控制的过程中，需要建立符合本企业特色的乡村生态旅游服务质量信息收集、处理以及反馈机制，从而有利于加强乡村旅游企业服务质量的评估和改进。再次，农村经济的增长在一定程度上促进乡村旅游企业内部质量保证和外部质量保证相协调的乡村旅游企业质量保证机制。从内部而言，在组织、人员、措施和制度等方面促进良好服务质量的形成；从外部而言，促进乡村企业旅游服务质量责任制的形成。最后，农村经济的增长对提高乡村旅游服务人员的素质起到促进作用。例如在乡村旅游企业人员的岗前培训、在岗培训以及脱产培训等方面提供资金支持，对建立和完善乡村旅游企业员工的薪酬机制、激励机制和保障机制以及稳定乡村企业人才队伍、加强骨干人才和后备人才的培养都起到积极的促进作用。

农村经济的增长对完善乡村旅游行业自律机制、提升乡村旅游行业自律能力以及建立乡村旅游多渠道协调机制具有积极的促进作用。在完善乡村旅游行业自律机制方面，乡村旅游要素行业组织体系、行业协会建设、发挥行业自律以及推进乡村旅游产业的健康运行和旅游服务质量的提升都需要资金的支持。在提升乡村旅游行业自律能力方面，建立乡村旅游行规行约、加强行业自律、规范企业行为、指导乡村企业建立健全服务质量管理制度以及组织相关部门开展乡村由行业诚信建设、质量评议、营造乡村旅游行业自律氛围，促进其规范经营、维护乡村生态旅游市场秩序等方面都需要得到资金的支持，而资金的主要来源需要依靠农村经济的增长。另外，在建立乡村旅游多渠道协调机制方面，建立健全乡村生态旅游综合协调机制、促进乡村旅游产业链的形成以及乡村旅游各部门协调互动发展等，都要依靠农村经济的可持续增长。

四、农村经济的增长为乡村生态化旅游提供人才支撑

乡村生态旅游产品的类型单一、缺乏创意已日益成为普遍现象，其根本的原因在于人才缺乏。由于大部分农村经济发展较为落后以及国内旅游专业人才的培养在一定程度上与旅游行业的需求出现错位现象，导致了旅游教育对旅游人才供给的结构失衡，使得选择去乡村工作的旅游人才甚少，从而未形成良好的乡村生态化旅游创新发展局面。

中共十九大提出乡村振兴战略、调整农业结构，促进农村一、二、三产业融合发展，鼓励发展休闲农业、乡村旅游、农村电商、特色产业等新产业新业态，这将极大促进农村经济的增长。目前，在乡村振兴战略的具体实施过程中，各地区还制定乡村旅游人才培训项目，主要

从采用对内培训、对外引进这两种方式。对内培训主要是对当地村民进行短期培训，使农民成为乡村旅游职业农民。对外引进主要是鼓励和支持农业龙头企业引进在形成旅游规划、设计、策划、营销品牌等专业人才，成立乡村旅游人才智库，并鼓励大学生响应政府号召，回到农村就业和创业。农村经济的增长为乡村生态化旅游提供人才支撑，主要体现在以下三个方面：

（1）农村经济的增长有利于旅游新产业的形成，从而促进乡村生态旅游新产业人才的发展。发展乡村旅游新产业、新业态，培育乡村旅游农业新动能是乡村生态旅游发展的重要举措。据统计，乡村生态旅游中的观光休闲产业在 2016 年达到 5700 亿元，相当于当年农业增加值 6.37万亿元的 8.9%，实现了 21 亿人次的农业观光休闲。在乡村生态旅游观光产业的发展过程中，催生出一大批特色小镇、田园综合体等新兴产业，这些新兴产业将乡村自然环境、人文风俗、历史文化、特色资源进行整合，并显示出对乡村生态旅游人才的巨大需求。

（2）农村经济增长对乡村文化保护与传承方面的人才培养起到积极的促进作用。乡村生态旅游主要以乡村自然风光、生态农业产业、乡村文化习俗以及乡村生态环境为吸引物，让游客充分领略农村乡野风光、了解风土民情、体验农业生产劳作，尽情感受到回归大自然的情趣。在这一过程中，乡村文化习俗是乡村生态旅游的灵魂，而乡村生态旅游则在很大程度上成为乡村文化习俗得以保护与传承的重要载体。可见，乡村生态旅游与乡村文化习俗紧密相连，乡村生态旅游借助乡村文化习俗彰显其旅游特色，而乡村文化和传统民俗则通过"乡村生态旅游"这一形式得以保护与传承。在乡村振兴战略的具体实施中，乡村文化要得以保护与传承就需要一大批专业性强的高素质旅游人才，乡村振兴植根文化，在于人才。

（3）农村经济的增长促进人才双向流动，有利于建立长效就业机制。乡村生态旅游发展，人才是关键，农村经济增长打破了人才从乡村到城市的单向流动方式，促进人才双向流动。一方面，农村经济的增长给农村带来了更多的发展机遇与挑战，在吸引村民返乡创新创业的同时，也吸引更多有资本、技术和高素质的城市人口赴农村就业创业，这符合人才流动的特点，并利于建立长效就业机制。另一方面，农村经济的增长有助于提升农村就业的环境和待遇，有利于增强大学生前往家乡或者乡村就业创业的信心，积极鼓励和引导其就业创业。

综上所述，农村经济的增长为乡村生态化旅游发展提供物质保障，首先它可以为乡村生态化旅游提供足够的资金支持；其次可以完善基础设施的建设，还可以保护传统的风俗文化，帮助乡村生态化旅游宣传，推进其更好地发展。农村经济的增长促进乡村生态化旅游产品转型升级，促进乡村生态旅游产业增长方式的转变，同时农村经济结构的优化推动乡村生态旅游产业结构的转型与升级，农村经济发展质量的提升也有利于促进乡村生态旅游产品功能的优化并促进对乡村生态旅游认知的改变。农村经济的增长促进乡村生态化旅游服务质量的提升，主要包括旅游目的地质量、旅游企业服务质量、旅游行业自律水平、游客旅游素质等方面的提升。农村经济的增长为乡村生态化旅游提供人才支撑，有利于旅游新产业的形成，从而促进乡村生态旅游新产业人才的发展，对乡村文化保护与传承方面的人才培养起到积极的促进作用，促进人才双向流动，有利于建立长效就业机制。

第七章　乡村生态化旅游对农村经济的对策与保障措施

第一节　乡村生态化旅游对农村经济的对策

近年来，随着世界各地经济的极速发展，许多地区逐渐被城市化，人们对乡村生活的渴望越来越深，这就为以返璞归真为主题的乡村生态化旅游发展奠定了基础。国内旅游行业中的乡村旅游已经成为一个全新的发展趋势，尤其是在农村经济的发展方面起到了重要作用。乡村生态化旅游有利地推动了社会主义新农村建设，并表现出广阔的发展空间，给农村经济带来巨大的贡献，但一直缺乏一个具体的评价标准，故很难对其贡献率进行分析。对各个乡村的旅游案例缺少系统的统计，一些考核过于笼统，不具备准确性。我国乡村旅游还处于初级阶段，发展过程中会出现各种各样的问题。基于这一现状，为使乡村生态化旅游持续发展，为农村经济带来更多的贡献，要从多方面入手，使乡村旅游产品更加完善，营销手段更具新意。同样，乡村生态化旅游离不开当地政府部门的支持，制定更有利于乡村旅游行业发展的相关政策，为其开发与发展指明方向。鉴于此，笔者从发挥资源优势、实现产品升级，催生新型农民、促进农村就业，挖掘民族特色、打造品牌形象，坚持生态优先、发展乡村旅游，促进社区参与、实施可持续发展研究等五个方面进行分析。从分析结果可以看出，乡村生态化旅游在一定程度上确实对农村的经济发展起到了推动作用，其中最直观的体现就是当地村民经济收入的增加与当地就业问题的解决。实际上，旅游开发需要许多物质条件与自然资源，并不是每一个农村地区都适合开发乡村旅游，而一些已经运营和正在开发的乡村旅游也不意味着可以没有限度地开发与扩大范围，要结合农村的具体情况，对资源进行合理开发，保证生态环境不受破坏，这样才能使乡村生态化旅游持续发展，并为农村带来更大的经济效益。

一、发挥资源优势，实现产品升级

通常乡村旅游都会受到季节的影响，为解决这一问题，就要进行产品升级，减小旅游旺季与淡季的差异，增加收益。首先要升级乡村旅游产品，杜绝外界因素对其的影响，抓住游客心理，掌握消费理念，使整个乡村生态化旅游体系在实践过程中逐渐得到完善，并在激烈的旅游市场中脱颖而出，形成一个相对完善的体系。我国疆域辽阔，不同乡村地区都有不同的自然资源与生态环境，因此在乡村旅游开发中要求同存异，结合各个区域的特点，进行具有针对性的旅游产品开发。乡村旅游产品可具体分为以下几种类型：第一种类型以休闲浏览为主，欣赏优美的乡村环境，贴近大自然，融入大自然，这是一种原生态的休闲圣地。第二种类型有一定的约束性，多以名人故居为主，是能够在旅游的过程中丰富知识的一款旅游产品。第三种类型以体验与保健为主，参与性很强，游客可以借此机会进行农事劳动的体验，其中包括种植、垂钓、放牧等；还可以开发一些保健活动，使乡村生态化旅游的养生性得到提高。第四种类型以户外活动与极限运动为主，目前真人 CS、漂流、攀岩等都是备受欢迎的项目，这类旅游产品的开发一定要注意保护措施的完善，使游客放心地参加各项活动。乡村生态化旅游的开发与建设可以根据游客的需求和市场特点，适当增加一些具有互动性的活动，使乡村旅游产品更贴近自然、更具特色、更有观光价值，为游客提供更好的体验，同时促进消费，使当地村民的经济收入得到提高。很多游客来到乡村旅游，不仅仅是为了观赏美丽的自然景观，也是借此机会使疲惫的身心得到放松，缓解城市生活带来的压力。各式各样的活动，让游客体验到收获的喜悦，改变了他们原有的生活方式。由此可见，不同区域的乡村都有其不同的特色，适合发展各个种类的乡村生态化旅游。一些特色的种植园能够为游客提供采摘、观赏、BBQ等活动，还可以根据季节的不同使游客感受从耕种到收获的过程，加强农村生活体验的真实性，同时种植园的绿色农产品可以进行销售，使相关收益有所增加。在社会经济极速发展的今天，人们的生活水平与生活方式都发生了巨大的改变。

从前人们常会用塑料花来装饰生活环境，而现在大多数人更愿意使用鲜花，鲜花不但气味清香，也使整体室内空间充满了活力，在走亲访友、生日节日时也能被用到，故人们在日常生活中对鲜花的需求逐渐增多。鲜花、植物具有很强的观赏性，在广阔的花海中，游客也能放松身心。因此，近年来构建由各类花卉苗圃组成的观光园，也是乡村旅游的一个重要发展方向。以此为重点进行乡村旅游开发的地区，要注意大众的需求与喜好，以便在对鲜花、植物进行种植与销售时获取更多的经济利益。很多农村地区逐渐发展畜牧业以增加经济收益，使农民收入结构得到改变。根据相关统计，我国某乡村地区在 2011 年畜牧产业共收益 380 亿余元，占同年该地区生产总值的 1/3。但乡村畜牧业的发展过程中，仍然存在发展慢、特色不够鲜明的缺点，原因在于没有合理利用这一资源进行乡村旅游发展。对此，可以养殖一些在城市中很难见到的飞禽走兽，使游客进行观赏的同时，还可以提供烹饪加工服务，食材更加新鲜，更具有营养价值。特色的畜牧业能够给乡村带来更多的游客，也使他们的旅行更加充实，对先进的养殖技术与社会主义新农村的面貌有一个全新的了解，实现旅游产品的升级。

二、催生新型农民，促进农村就业

随着乡村生态化旅游的发展，越来越多的农民参与旅游工作中，解决了巨大的就业压力，使当地村民获得稳定的经济来源。将当地劳动力一分为二：一种身份是农民；另一种身份是旅游服务者，结合乡村旅游行业以及农业的需求进行角色转换。由于乡村旅游行业涉及的范围较广，就业的村民年龄也各不相同，这种角色的转换对农民自身也提出了一定要求，有效地促使了新型农民的出现。社会经济结构的不断改变，使农村不再只依靠农业来获取利益，同时科学技术的发展，使很多机械能够代替人工进行农事作业，不但节省了人力，也提高了效率。在这种情况下，农业劳动所需的人员越来越少，很多村民面临着无事可做的隐形失业状态。所谓隐形失业就是对于拥有土地的农民，相关部门不会将其划为失业的范畴，既然不存在失业问题，当地政府对其的管控与干预就存在很多不足。基于这一现状，农村更多的年轻人愿意到周边城市进行打工，长此以往会使农村劳动力大量流失，农闲时期甚至会出现空心村的现象。因此，促进农村的第二产业发展是一项非常重要的工作。

乡村生态化旅游产业应需求而生，但目前乡村旅游受到各种因素的影响，发展空间与规模都受到一定的限制。但这并不影响其对农民就业带来的便利，这种就业方式呈现出了很多优点。首先可以不用离开家人，能够兼顾农业的同时，还能获得经济收入。乡村旅游产业的出现符合市场的需求与时代的需求，农民可以结合旅游市场需求与季节的变化，灵活地进行角色转换，这种就业方式也可称为灵活就业。乡村生态化旅游在农村属于一种新型产业，参与旅游工作的大体可分为两类：一类为旅游企业的正式员工，具有较高的文化水平与技术能力；另一类为当地村民，这类员工多为兼职，属于临时职工，不涉及劳动合同以及社会保险等问题，避免为当地政府与相关部门造成麻烦。乡村旅游行业的出现使当地经济得到发展，农村劳动力也不仅仅是以雇佣关系存在于旅游企业中，同时还出现了大量的创业者，以农家乐和民宿为例，都是当地村民参与乡村旅游的另一种方式。在这之中，不乏一些女性参与者，她们将照顾孩子、家务劳动以及参与乡村旅游工作结合在一起，实现了自身价值。对我国的就业现状进行分析，不难发现乡村旅游行业对其带来的影响。乡村生态化旅游规模的不断扩大与灵活的就业方式，给当地村民提供了更多的机会，在充实自身的同时获得了一定的经济收入。村民可以结合自身优势对就业方式进行选择，通过二次就业参与乡村旅游的服务工作中，也在一定程度上开阔了村民的眼界，促使他们不断学习，自身素质也会得到一定的提高。来自五湖四海的游客使村民增加了与外界接触的机会，思想观念也会更加先进，形成新时代下的新型农民。另外还对农村劳动力市场进行研究，有助于进一步探究乡村生态化旅游对农村经济贡献率的统计。

三、挖掘民族特色，打造品牌形象

乡村生态化旅游若想持续发展，一定要积极地与当地旅行社以及周边景点进行合作，打造完整的乡村旅游体系，还要使用一些营销策略，使其在激烈的竞争中处于不败地位，而最重要的还是对当地民族特色的挖掘与自身品牌的打造。根据乡村独有的特色资源与民俗文化进行大力建设，并采用多种方式进行宣传，由于乡村地区的资金投入有限，可寻求当地政府与相关借贷部门的帮助。不同乡村地区的宣传重点与宣传方式也有所不同，例如名人故居，可以重视其后裔的祭拜活动以及独具民风民俗的旅游活动。网络逐渐普及的今天，网络中的乡村生态化旅游品牌建设是重要的宣传工作之一。网络营销要注意最大限度地吸人眼球，树立环保绿色为主的乡村旅游形象，使游客的数量得到增加。除此之外，还要明确乡村区域范围内所有的独特自然资源、原始生态景观以及特色文化，将这些优势合理利用，开发别具一格的旅游项目，打造自身品牌。如今已有许多地区乡村生态化旅游的发展取得了成功，在借鉴这些经验时要注意不能生搬硬套，每一个地区的原始条件是不同的，要最大限度上地保持乡村环境不受破坏，不能以生态失衡作为乡村旅游开发的代价。若想使游客有一个全新的体验，就要将当地的传统文化、风俗以及生活习惯等融入乡村生态化旅游的开发建设中，使旅游产品更吸引人，具有自己的品牌特色。随着游客数量的增多，势必会对乡村文化造成冲击，要尽量保证其原始性，不受外来文化的同化。我国历史悠久，许多城市都有着自己独特的历史与人文气息，很多乡村也是这样。国民经济不断提高的今天，有的乡村地区成为社会主义新农村建设的试验点，通过乡村旅游行业的发展，使当地经济水平得到很大的提高。承德市滦平县某乡村以农业作为主要经济来源，在当地政府的指引与帮助下开发了特色蔬菜种植项目，并鼓励村民积极参与乡村生态化旅游的开发工作中，打造该乡村的特色品牌，成为承德一带最火爆的乡村旅游景点。在全国各地像滦平县这样的乡村很多，他们在发展农业的同时建设了集观光、体验、休闲于一体的乡村生态化旅游区域，在建设过程中不但当地农村经济得到提高，还会带动周边许多产业的发展，达到了合作共赢的目的。

随着科学技术的发展，乡村旅游中的农业观光园逐渐兴起，园区内设置多种学习、观光为主的旅游活动，并将农业观光区的范围进行控制，对乡村的生态环境、田地起到了一定的保护作用。这种新型的乡村旅游项目，吸引了周边城市的众多游客，给当地经济发展提供了源源不断的动力。乡村生态化旅游离不开自然资源与生态环境的支持，乡村的地貌、天气等都是与旅游开发密切相关的因素，要将这些自然条件充分结合，打造乡村旅游独有的品牌。江苏省某市的乡村旅游开发工作能够因地制宜，利用其地理位置，开展以垂钓、观赏为主的渔业活动，树立了自身独特的影响。例如绍兴市方圆乡村旅游景区建立了自己天圆地方的品牌形象，发挥其独特的优势，将乡村环境、旅游部门以及村民结合起来，在不断创新的过程中共同致富。世界经济发展与乡村旅游的发展从一定程度上来说是相似的，都要依靠第二产业的发达。在中华人民共和国成立后，解决了人民的温饱问题就开始发展工业，大力推崇工业必定使农业暂时落后，如今工业又在资金、技术方面对农业进行反哺，这种反哺行为也促进了乡村旅游的发展。位于黑龙江大庆的某乡村，就是通过工业反哺农业发展乡村生态化旅游的典型代表。当地工业对乡村自然资源建设进行投资，开展以环境保护为主的乡村旅游活动，使当地乡村经济得到发展。我国乡村有许多可以用于旅游开发的资源，经过合理开发与品牌建设，对当地乃至整个农村地区的经济发展都有着一定的促进作用。现如今越来越多的乡村能够认识到自身的特点，根据不同的功能分区开发，建立了特色的乡村旅游品牌，使乡村生态化旅游持续发展，得到良性循环。

四、坚持生态优先，发展乡村旅游

乡村旅游给农村经济的发展提供源源不断的动力，但要尽量避免乡村生态化旅游的商业化、雷同化以及对乡村环境造成的污染。这些现象对乡村旅游的发展都十分不利。很多地区在乡村旅游的建设过程中对资源一味地开发，在这一过程中会出现许多生活垃圾，若这些垃圾不能够合理地处理，则会对自然环境造成极大的破坏。乡村环境在超负荷的情况下进行开发，最终生态系统将会全面瘫痪，过分追求利益的同时必然会使乡村生态化旅游越来越商业化，忽略了乡村旅游的最初目的。对资源无节制地开发与利用，使这些不可再生资源无法继续服务于乡村旅游，过度的商业化也会对当地的民风民俗传统文化造成冲击，使乡村生态化旅游失去其独特的优势，对其持续地发展带来许多不良影响。因此，要使乡村生态环境与乡村旅游共同发展，就要对当地景点与自然资源进行合理保护。

随着乡村旅游的发展，游客数量也将逐渐增多，而对游客在游览中所产生的垃圾进行处理就成为一项重要工作。首先要将这些生活垃圾进行分类，分为可回收垃圾与不可回收垃圾。其次，可以将粪便作为农作物的肥料，也可以将其投入化粪池作为燃料使用，其他可回收利用垃圾也是这个道理，在避免其对环境造成污染的同时，发挥最大的价值。同时在发展乡村生态化旅游的过程中要坚持生态优先，从开发工作中的点点滴滴做起，如可以将废弃的建筑物重新建筑装修利用，这在很大程度上节省了乡村的土地资源，增加乡村的植被覆盖量，并对乡村原始环境与野生动物进行保护。

在乡村生态化旅游的发展过程中，要融入当地民风民俗与特色文化，给游客一种入乡随俗的感觉，打造独特的品牌，使乡村旅游持续发展，为村民带来更大的经济收益。在乡村生态化旅游漫长的发展过程中受到许多误解，很多投资者认为乡村旅游是将娱乐方式从城市搬到农村，并没有看清乡村旅游的本质。事实上，乡村旅游出现的最初阶段就是以生态化为主，在旅游开发的过程中对乡村环境起到一定的保护作用。著名英国学者曾经给乡村生态化旅游下过定义，乡村旅游包含的范围十分广泛，它不只包括与农业相关的体验活动，还包括对大自然的了解、对生态环境的重新认识，一些参与性较强的活动在丰富旅行内容的同时也具有很大的教育意义，使游客在游玩过程中体会当地风土民情，获得全新的体验。我国学者也曾经对乡村生态化旅游目前存在的问题进行分析，绝大多数原因都是因为开发者与相关工作者对乡村生态化旅游的认识不充分，生态观念薄弱。乡村旅游的突出问题事实上就是环境保护问题，要想使自然、乡村旅游、利益相关者和谐发展，就要从环保意识与人文观念入手，做好协调工作。

五、促进社区参与，实施可持续发展

乡村生态化旅游的发展对人们的生活造成巨大的影响，其中不但包括环境影响，还包括文化影响，既有正面的影响也有负面的影响。虽然不合理的开发建设会使乡村环境受到破坏，但为了旅游行业的持续发展也会对环境进行大力的保护，乡村资源与劳动力有限，旅游业的兴起势必会对一些工业造成影响，形成此消彼长的趋势，工业污染的减少使乡村环境得到了改善。利益相关者只有认清青山绿水才是乡村旅游发展基础的事实，才能更好地对资源与环境进行保护。若想使乡村生态化旅游得到发展，还要注重基础设施的完善，其中包括乡村的住宿环境、饮食卫生、医疗条件、交通条件等。基础设置的建设不但方便了游客，也为乡村发展提供了物质保障，因此在这一过程中需要社区与当地村民共同参与。社区与村民是乡村生态化旅游发展的重要组成部分，需要参与旅游建设的方方面面。首先要参与乡村旅游的规划与开发工作，作为乡村的主人发表自己的观点。在建设与发展过程中，社区与村民也要肩负起环境保护和文化保护的重要责任，因为这片土地是他们赖以生存的家园，他们是自然资源与当地文化的继承者。在生态化旅游逐渐发展的过程，社区要参与管控与教育的工作，要使相关管理部门、开发商以及当地村民具有强烈的环保意识、服务意识与创新意识，只有这样才能够保证乡村生态化旅游的持续稳定发展。某些乡村虽然有很多可利用的资源，但是没有合理的开发，虽然门票的价格不高，但对游客却没有什么吸引力，这样的景点普遍评价较低。另外，对于一些处于半荒废状态的景点，可以适当地舍弃或转型，对具有特色开发性较强的景点进行集中建设，吸引更多游客的到来。根据当地资源特点进行旅游项目的开发，例如沿海沿江的乡村，可以发展水产观赏、养殖以及垂钓等参与性较强的活动；以农业为主的乡村，可以建设多种类的种植园与采摘园，使游客和村民一起劳作，体验真正的乡村生活，体会收获的喜悦。另外还可以开展一些以教育为主的旅游活动，使游客了解更多的农业知识以及农业常识，尤其是一些小朋友能够在体验的过程中获取知识。乡村旅游的游客年龄范围非常大，要设置一些适合年轻人的旅游活动，使整个旅行更具有娱乐性，如攀岩、滑翔、骑马与越野等都是年轻人比较喜欢的活动。乡村生态化旅游的建设不能把工作重点放在某一个方面上，要做到均衡发展，并根据市场的发展趋势与游客需求，打造与众不同的乡村旅游，杜绝千篇一律的农家乐。乡村建筑也是体现其特点的重要部门，由于环境与生活方式的不同，很多农舍的建设风格各异，具有鲜明的地域风格，与城市居住环境的单一相比，也是吸引游客的一个方面。

建立良好的形象与品牌能够有效招揽更多的游客，如今的宣传方式多样，不再局限于电视、报纸、广播等传统宣传方式，微博、微信以及各类旅游软件都是非常有效的宣传平台。乡村生态化旅游的宣传与营销工作同样要跟随时代的步伐，掌握现代先进的技术。在乡村旅游中，大多参与创业的村民都是中老年人，他们对先进的宣传方式并不了解，无法将自己的产品有效地推销出去。这就需要社区与相关旅游企业相互协作，指引他们进行营销工作，这些农家乐、民宿、饭店的出现，丰富了乡村旅游，对当地经济的发展也起到了极大的促进作用。根据相关统计，大多数村民参与乡村生态化旅游建设的积极性很高，但受文化差异、自身素质以及年龄的影响，在经济收益方面存在着较大的差异。例如一些自主创业的村民开设农家乐，受经济条件的影响，一些农家乐规模较大、环境较好，这就对市场造成冲击，使一些小型农家乐无法生存，这种现象的出现使一部分村民失去参与的积极性，给乡村旅游带来了负面的影响。基于这一现状，相关部门与旅游企业要做好调解工作，减少这类冲突的出现，使乡村生态化旅游持续发展。第一步就得对恶性的市场竞争进行管控，对于发展中的弱势群体给予一定的优惠政策，多加指引与鼓励，为其发展提供资金基础，并对其专业技能进行培训；面对一些年纪较大的村民，他们的接受能力相对较慢，一定要有充足的耐心，进行细致讲解。这种管控方式不但用于农家乐的发展，对于乡村旅游的整个产业链同样适用。利用合理的方法进行调解与控制，营造一个和谐积极的工作氛围，只有团结协作才能取得更好的发展与更大的利益。

对多个乡村生态化旅游地区现状进行分析，从多个角度阐述其对农村经济发展做出的贡献，并通过统计调查等方式，将数据进行计算，得出贡献率，探究现阶段乡村生态化旅游的突出问题，找到阻碍其发展的因素并制定相应的对策，使其对农村经济的贡献率得到提升。从各种实例中不难发现，我国乡村生态化旅游还处于不断发展与完善的阶段，还需要合理利用乡村生态资源与劳动力，并注重对于乡村环境的保护，为乡村生态化旅游的发展奠定基础。我国有许多乡村比较闭塞，由于地理位置远、经济条件差、技术水平不足，无法发展乡村旅游行业。对于这样的地区，旅游企业与当地政府应引起高度重视，帮助这些地区进行基础设施建设和乡村旅游的发展，缩短我国各地区之间的经济差距；并对村民进行培训，从文化水平、服务理念、环保意识等方面入手，使其综合素质得到提高，乡村旅游行业更加规范，为农村经济发展提供保障。乡村旅游的发展必定会带来新的文化，乡村在保持自身传统文化的同时也要不断融合新思想、新理念，提倡乡村旅游的个性化发展，避免同化现象的出现。当地政府要加强对乡村旅游的指引和管控，通过良性的旅游市场竞争，推动当地其他产业的发展，使村民的收益得到增加，提高村民的生活水平，为社会主义新农村建设做出更大的贡献。

第二节　乡村生态化旅游对农村经济的保障措施

随着我国经济的发展、人均收入的增加，我国乡村生态旅游成为人们必不可少的一项活动。全国各地都在打造美丽乡村，我国乡村正散发着美丽的气息，吸引了大城市的人们前来观光休闲和旅游度假。在如今这个经济迅猛发展的时代，城市的环境质量逐渐下降，每天面对繁重的工作和生活压力，越来越多的人们喜欢"乡村"这个宁静的场所，乡村与大自然相结合，干净舒适，怡然自得，乡村生态化旅游市场逐渐发展起来。随着人们消费观念、生活质量以及生活观念的逐渐转变，乡村生态化旅游成为消费者在旅游时的首选。生态化建设是乡村旅游业发展的动力和源泉，二者密不可分，且实现了人与自然的和谐相处，因此在促进乡村生态化旅游发展的同时，也要为农村经济的持续发展提供重要保障，缩小城乡差距，提高国家整体经济水平。

一、完善乡村生态化旅游的制度保障

（一）完善管理体系和规章制度

乡村生态化旅游是以农村资源为基础发展，通过开发农村地区特有的自然资源或自然文化吸引各地游客，针对消费者的休闲、旅游、观光等需求制定方案，创新管理制度，厘清乡村生态化旅游管理体制，合理利用自然资源。乡村生态化旅游随着社会的发展而变化，与时俱进。旅游企业管理下属部门较多，协调能力相对较差，宏观调控和监督管理存在一定的难度，造成管理上的混乱；管理权和使用权不明确，概念不清晰，缺乏对旅游资源开发的科学规划和市场观念。如果各个因素不能协调发展且没有相应的规章制度，很容易在管理上出现漏洞，也会出现级别越权或推卸责任等现象，严重影响农村经济的发展。乡村生态化旅游管理制度的缺乏，导致整个市场秩序紊乱，因为管理制度不到位会造成公共设施损坏、环境遭到破坏、为消费者提供的服务差强人意等不良现象，会使乡村生态化旅游遭受很大的损失。

正所谓"没有规矩，不成方圆"，首要任务就是加大管理力度，扩大能力范围和影响力，规范和提高乡村生态化旅游服务的质量。其次，要建立符合本地区乡村生态化旅游发展特点的标准管理体系，打造规范运作、先进管理、优质服务、具有高水平的标准的旅游场所。最后，规范旅游服务从业人员的服务行为，确保整体质量水平不下滑，强化监督管理，制定服务质量考核标准，并纳入从业人员效绩考核中，引起其重视，使之用最好的态度服务消费者，推进乡村生态化旅游服务质量监管一体化。

（二）完善乡村生态化旅游规划制度

对乡村土地进行正确的规划与合理的开发利用，为乡村生态化旅游的发展指明了方向，避免了发生自然资源过度开发、破坏和浪费等现象，也有利于制定生态功能区规划方案、土地合理利用规划方案、交通便利规划方案。只有合理利用水、电、煤气、交通等生活条件，并将基础设施规划好，才能推动乡村生态化旅游业的发展。在乡村生态化旅游规划中，要把乡村的餐饮、住宿、公共场所、停车场等各项配套设施与新农村的基础设施建设、公共设施建设相融合，打造整洁卫生、干净舒适的旅游环境，展现良好的村容村貌，促进乡村生态化旅游的健康迅速发展。舒适的生活环境、便捷的交通条件、整洁的村容村貌，是乡村生态化旅游发展的重要保障。提升新农村建设水平就是通过生活条件的改善，使各项设施建设和生态环境做出改变。不要盲目开发旅游项目、破坏生态环境和旅游资源，越完整的村落越吸引游客，保持本土的特色，与城市区分开，要城乡一体化，但不要城乡一样化，不要丢失乡村生态化旅游原有的价值，保持其对游客的吸引力。

在乡村生态化旅游规划中，要避免单调的活动项目，如吃饭、钓鱼等千篇一律的内容，开发能展现当地特色的活动，如农家乐、采摘游、休闲农场、赏花游、骑车观光园区等多元化项目以丰富娱乐项目，给消费者呈现别样的美丽景色。日常餐饮和活动项目要贴近农村生活，在原汁原味的乡村风味基础上打造特色项目，遵循"吃农家饭、住农家院、干农家活、享农家乐"的原则，创建特色餐饮、特色住宿、特色休闲、特色娱乐、特色观光等项目。可以利用乡村资源多种多样的优势，引导客人游览独特的乡村景色和自然风光，研究古村古物的文化内涵，开发出体现特色的传统工艺品，突出乡村在饮食、服装、歌舞方面的习俗和风情。可以学习成功的案例，但不要生搬硬套，认真研究本地特色、本地文化，选择适合的旅游项目，尤其不要脱离朴素、脱离自然，不要失去乡村生态化的意义，利用特色赢得消费者市场。要想吸引消费者，就需为其创造动手机会，让游客体验参与。如通过采摘、耕种等劳作环节，让消费者积极参与，感受丰收的喜悦，在体会农民艰辛的同时得到自身的锻炼，更加珍惜自己拥有的东西；也可让旅游者通过品尝各种蔬菜水果，实现消费、娱乐和休闲的目的，亲自感受乡土人情和风俗习惯，从视觉、听觉和味觉上全面了解乡村生活，体会最真实、最纯朴的文化。

乡村生态化旅游规划也是规划乡村意境，应与社会发展紧密相连，不仅要反映乡村生态化旅游的发展方向，也要反映我国旅游业的发展方向，更要反映乡村发展的趋势。乡村生态化旅游规划的同时，一定要保留历史文化并将其传承下去，坚持人与自然和谐发展，保护山林、河流，保护自然和生态环境，不推山、不砍树，坚持有山用山、有水用水的原则，坚持本土发展，突出乡村特色，从而实现乡村生态化旅游的可持续发展。

二、完善乡村生态化旅游的经济保障

乡村生态化旅游的迅速发展带动了农村经济的增长，通过"农家乐""休闲度假村""景点观光"等旅游项目，使农村建设的经济实力有了极大的提高，农村地区的基础建设也有了很大的改善。乡村生态化旅游在增加农村经济收入中起到了很大的作用，促进新农村与城乡建设齐头并进。全国绿化委员会办公室发布的数据显示，2021 年乡村旅游为主的国内生态旅游人次达 20.93 亿人次，占国内旅游总人次比重达 64.5%。由于乡村生态化旅游经济的发展价值和区域开发的贡献巨大，故其在农村的经济发展中占据主导地位。

城市和农村之间还存在一定的差距，乡村生态化旅游模式也面临着巨大的压力，加快乡村生态化旅游发展是提高农村经济水平的关键，我们必须在乡村生态化旅游和谐发展的力量下带动农村经济发展。在乡村生态化旅游产业中满足消费者的基本需求，是乡村生态化旅游发展的关键。现阶段乡村生态化旅游还存在很多不完善因素，如产业链不完整、旅游产品单一、服务体系未建立等问题，使得农村经济发展较慢。想解决这些问题，需要创新发展理念，多渠道营销，构建乡村生态化旅游经济体系。

（一）促进乡村生态化旅游与农业相结合

乡村旅游是在农业的基础上充分发挥特色资源的作用，为乡村生态化旅游提供更好资源和素材的旅游活动。其将生态农业、绿色农业、休闲农业相结合，共同发展，建立了一系列的生态庄园、绿色庄园和休闲庄园，为消费者推荐纯绿色农作物产品，以绿色经营为主题，了解消费者的目的和需求，从根本上提高乡村生态化旅游的经济发展，尽快实现城乡一体化。

（二）促进乡村生态化旅游与信息产业相结合

如今是信息化时代，要充分运用其有利条件实现乡村生态化旅游的转变和发展，因为任何管理体系都离不开信息技术的操控。我们要尽可能满足消费者对乡村生态化旅游信息的需要，让消费者以方便快捷的方式了解乡村生态化旅游的特色，让其觉得物有所值，也能带来更多的旅游爱好者。加入创新技术和方式，以现代化农业为基础，利用先进的信息技术实现农产品现代化、创新化，在提高农产品质量的同时也用新颖的方式吸引消费者的目光。每一个农作物都有其价值，我们要用智慧研究和开发，将普通的产品更好地展现在消费者面前。网络营销已家喻户晓，我们完全可以利用这种形式推销我们的特色产品，使各种信息通过网络传递给更多的网民，这可以通过信息技术实现，不但成本低，效果也十分显著，通过这种有效的网络体系以增加经济收益。

（三）规范乡村生态化旅游的经营管理

通过规定相关法律法规，促进乡村生态化旅游的管理与经营。我国政府相关部门应制定乡村生态化旅游标准，旅游企业需要到各级主管政府旅游部门进行申报，管理部门在调查后发放许可证书，从而理顺政府、社区村民、旅游企业之间错综复杂的权、责、利的相互关系，摒弃现有单家独户的管理模式，积极实行现代化企业管理模式。

相关旅游企业对乡村化旅游资源开发并经营，而相关政府部门对企业进行监督，确保在生态环境不遭破坏的前提下合理地进行旅游开发，与此同时，根据相关法律法规从企业利润中得到部分红利。同时，村民也可以通过参与乡村生态化旅游资源的开发、经营管理和建设，取得收益。

三、完善乡村生态化旅游的法律保障

任何产业如果不加入法律议程，没有法律法规作为行为规范的依据，就不能长久持续而稳定地发展下去。缺乏法律的保障是乡村生态化旅游所面临的问题，也是全国旅游业必须面对和解决的问题。我国的相关法律体系还不够完善，没有完整严密的法律保障，有问题发生却无法可依、无据可遵，也无相应的解决能力和规章办法，对于乡村生态化旅游行业的发展势必造成严重影响。

（一）加强生态环境法律保护

生态环境对乡村生态化旅游的发展有很大的推动作用，比如气候调节、水源滋养、土壤改良、维持生物多样性等，这些都能提高乡村生态化旅游对游客的吸引力，促进乡村生态化旅游的持续发展。生态环境保护就是维护生态系统平衡，提升生态环境质量，加大生态工程建设，保持水土平衡，提高森林质量和覆盖率，加强环境整治，建设生态保护林和绿色通道。加强环境污染整治工作，重点整治工业水源和大气污染，深化农村环境综合治理工作，加大环境保护监管力度，提升乡村人民对生态环境保护的素养和意识。根据土地和水资源的利用情况，建设新型节能、节水等设施，提高生态资源的利用率，开发风能、太阳能等可再生资源，可以在乡村生态化旅游景点建造风能、太阳能路灯，节约资源的同时，也能提高乡村生态化旅游的技术含量。

（二）加强历史文化法律保护

为了彰显乡村生态化旅游地的特色，开发商尽可能地挖掘各种生态文化和地方风俗，因此要加大对古文化的保护力度，在挖掘的同时不产生破坏，实行保护性开发制度，保留原有的自然生态，建立长效的物质文化保护机制，引导和鼓励人们对民间艺术的传承和延续。保护乡村生态化旅游地景观的完整，禁止人为的破坏行为，加大监督力度，必要时采取法律手段，引以为戒。

乡村生态化旅游的发展离不开法律的支持，运用正确的法律手段来规范各个行业，在为发展提供保障的同时，也为政府减轻了压力。应该切实做到提高整个旅游管理队伍的依法行政能力，做到有法必依、执法必严、违法必究，加大执法力度，完善工作机制，正确处理游客提出的投诉问题，不断地规范市场秩序，加强市场预警体系建设，将事后处理转变成事前预防，充分发挥法律在乡村生态化旅游管理中的协调、引导、带动和约束作用。加强旅游业的综治维稳工作，对消费者破坏和谐稳定、生态环境等行为严肃处理，严厉打击，依法追究法律责任。对于文化遗产、民族文化习俗的保护要形成专项监察体系，破坏行为者必须受到惩罚。保障消费者和旅游开发商的合法权益和人身安全，树立乡村生态化旅游景点规范、健康的良好形象。

（三）增强环保意识，强化法制观念

乡村生态化旅游作为发展产业，已经造成对环境的特殊影响和积累性的破坏，因此，乡村生态化旅游一定要加强对环境的立法及管理，要严格遵守环境保护法、森林法等与旅游相关的环境保护法律和法规，并针对旅游业对环境影响有持续性、累计性、潜在性的特点，完善有关规定。如增加针对乡村生态化旅游的环境保护的税收，以用于修复破坏的环境等。地方政府及乡村生态化旅游主管监督部门应严格贯彻落实相关的法律和法规，增强法律观念，比如要想开发生态保护区，必须依据环境法规，严格规定哪些地区可以开发、哪些地区禁止开发，以及可以开发的地区规模大小、什么季节可以开放和可以接待的人数要求等。还要明文规定哪些区域严禁携带火种，严禁狩猎和破坏花草树木，严禁丢弃个人生活用品和垃圾。对于故意破坏生态资源的人，应加强执法力度，让他们承担对应的民事和刑事责任。此外，我国在乡村生态旅游的发展规划和环境保护教育方面相对较弱，乡村生态旅游是以发展规划争取利益为目的，因此很多旅游场所急于营业，从未实施任何环境影响评价。而且在很多旅游景点，没有任何宣传栏等设施去强调环境保护意识，导游在解说中也忽略了对环境保护的重要性和做法，还有大多数从事旅游事业的人员并未受过自然资源保护和道德意识的培训。因此，我们在发展乡村生态化旅游业的同时，应当树立生态资源保护意识，加强这方面的教育，对游客的自身行为严格规范。

总之，乡村生态化旅游在为游客提供休闲娱乐的同时，也希望所有人都能做到对生态资源和环境的保护。相对于传统的旅游来说，乡村生态化旅游最重要的一点就是使生态资源能够可持续发展，做到生态化资源促进乡村旅游的发展，乡村旅游保护生态化资源，相互促进，共同进步，才能实现乡村生态化旅游业的持续发展，达到增加农村经济收入的目的。

四、完善政府监管体系

党的十八大以来，我国以全面深化改革为核心，进一步明确政府和市场之间的关系，简单来说，政府对于任何一个行业都占据主导地位。完善政府行为，才能充分发挥政府在宏观方面的决定作用和重要作用；规范政府自身行为，才能推动乡村生态化旅游的蓬勃发展。

（一）转变政府管理模式

目前我国政府正处于转型时期，构建服务型政府模式成为政府职能转变的首要目标。旅游行业是我国服务行业的组成部分，做好公共服务也是乡村生态化旅游发展的重要基础之一。政府的监管重心也应以服务为主，因此要根据乡村的实际情况制定合适的公共服务的管理模式和理念。当今社会必须以满足广大人民的根本利益和需求为出发点，不断提供有效的公共服务，提高服务质量，因地制宜地提供更加完善的基础性乡村旅游公共服务，优化各项公共硬件和软件设施，提供更好的安全保障。

在乡村生态化旅游的发展中，政府应该给予足够的引导和支持，制定合理的监管体系和政策，为乡村生态化旅游业的发展提供良好的政策环境，最好能加强财政方面的扶持力度，给予更好的优惠政策和资金支持，这样还能增强乡村旅游开发单位的积极性，同样，乡村生态化旅游的发展还会增加农村经济收入，提升政府的综合实力。乡村生态化旅游还存在很多问题，是旅游开发单位无法解决的，需要政府大力支持。在乡村生态化旅游中出于保护古村古物需要原居民迁移，政府需要出面解决协调，制定合理的搬迁方案和补偿措施，才能使古村古物得到保护。乡村生态化旅游的发展，有利于扩大当地人文的知名度，也能推动当地的经济建设。政府要带头协调制定乡村生态化旅游的发展规划，遵循生态平衡原理，合理有效地利用各项旅游资源，保证在不破坏水土资源的范围内增强农村地区发展战略。

乡村生态化旅游业的发展离不开旅游产业的主体，它是旅游市场的源头，但是很多旅游开发单位和从业者的相关条件并不规范，存在散、弱等现象，并且缺乏市场竞争力和抵御风险的能力。旅游产品单一，特色化、专业化程度不高，缺乏清楚的市场定位，造成旅游企业经济效益低下、市场竞争恶劣等问题。要强化乡村生态化旅游的监督管理和经济体制的改革，核心是处理好政府和市场之间的关系，使市场在资源利用中起到关键性作用和充分地发挥政府作用。市场已经出现恶性竞争、为了谋利而不择手段地损害消费者的利益等现象，所以政府一定要完善监管体系，加强管理，杜绝此类现象的发生，加大对乡村生态化旅游行业的监督和引导，使之达到行为自律，促进乡村生态化旅游健康和谐发展。

（二）推进乡村生态化旅游资源的可持续发展

在常态化的经济发展下，随着乡村旅游业由粗放型向生态化集约型发展模式的转变，政府部门应该完善监管体系、制定相关的政策，推动乡村旅游业的生态化发展的同时，增加农村经济收入。乡村生态化旅游业的发展既是机遇又是挑战，生态化管理即生态环境的管理，为了实现生态环境的可持续发展而达到生态稳定和平衡的目的。但是目前来说，政府的监管体系没有起到应有的作用，政府在乡村生态化监管方面存在的问题直接影响了农村经济的发展。为了乡村旅游的吸引力和竞争力，开发单位不断地寻求旅游资源和热点，结果造成了资源环境的过度开发，某些开发商利用当地文化生态中并不存在的人造景点或用伪风俗吸引各地游客消费，胡编乱造各种解说和文化标签，导致了当地民族文化的真实性被扭曲和掩盖，不利于当地民族文化意义和风俗的传播，造成恶劣的影响。

政府应该贯彻落实科学发展观，树立全面、协调、可持续的发展观，正确认识和处理文化保护与乡村生态化旅游发展的关系，以发展来促进有效保护，在保护中实现可持续利用，帮助旅游资源、文化习俗、生态环境和经济社会的协调稳定发展，严防破坏生态环境、破坏文化习俗、破坏旅游资源的现象发生。同时，政府应该加大乡村生态化旅游环境监管和执法力度，推行严格的旅游项目审批制度和旅游项目环境影响评价制度，明确各部门的职责，责任落实到人，建立规范的开发监督奖惩机制。

在推动发展的同时，也要对生态环境进行保护，及时修复文化习俗的缺失。要想实现可持续发展，一方面要保护和继承农村地区传统文化中优秀的部分，另一方面也要去除文化中的恶习，取其精华，弃其糟粕，同时吸收其他地区文化的精髓，才能使之不断完善、不断发展下去。

乡村生态化旅游是以乡村为主体，以乡村自然资源和民族文化资源为基础，以生态文明和可持续发展理念为核心，让消费者在享受淳朴的风土人情、娴静的自然景象的同时了解当地民族文化和习俗，带着保护生态环境的责任，在制度、经济、法律和政府的共同保障下促进农村经济发展，增加农村经济收益，实现生态环境可持续性发展。

参考文献

[1] 方天坤. 农业经济管理 [M]. 北京：中国农业大学出版社，2019.

[2] 湖南省农业经济和农业区划研究所. 农业农村经济与区划研究 [M]. 长沙：湖南大学出版社，2018.

[3] 赖涪林. 农业经济研究调查技术与方法 [M]. 上海：上海财经大学出版社，2016.

[4] 李秉龙，王胜利，王可山. 农业经济管理概论 [M]. 北京：中共中央党校出版社，2005.

[5] 李青阳，白云. 农业经济管理 [M]. 长沙：湖南师范大学出版社，2017.

[6] 李睿. 中国古代农业生产与商业化经济研究 [M]. 长春：吉林人民出版社，2020.

[7] 梁金浩. "互联网＋"时代下农业经济发展的探索 [M]. 北京：北京日报出版社，2018.

[8] 汪发元，王文凯. 现代农业经济发展前沿知识和技能概论 [M]. 武汉：湖北科学技术出版社，2010.

[9] 王培志. 农业经济管理 [M]. 济南：山东人民出版社，2016.

[10] 巫国兴. 新编农业经济管理概论 [M]. 厦门：厦门大学出版社，2001.

[11] 吴方卫. 农业经济学研究方法论 [M]. 上海：上海财经大学出版社，2015.

[12] 张锦华. 农业经济学 [M]. 上海：上海财经大学出版社，2017.

[13] 赵俊仙，胡阳，郭静安. 农业经济发展与区域差异研究 [M]. 长春：吉林出版集团股份有限公司，2018.

[14] 祝见龙. 农业经济管理 [M]. 石家庄：河北科学技术出版社，2016.